中华现代学术名著丛书

中国文化与中国的兵

雷海宗 著

商务印书馆
创于1897 The Commercial Press

2014年·北京

图书在版编目(CIP)数据

中国文化与中国的兵/雷海宗著. —北京:商务印书馆,2014
(中华现代学术名著丛书)
ISBN 978-7-100-09093-3

Ⅰ.①中… Ⅱ.①雷… Ⅲ.①中国历史—研究 Ⅳ.①K207

中国版本图书馆 CIP 数据核字(2014)第 075506 号

本书据商务印书馆 1940 年版,
并参照商务印书馆 2001 年版重新校排

中华现代学术名著丛书
中国文化与中国的兵
雷海宗 著

商 务 印 书 馆 出 版
(北京王府井大街36号 邮政编码 100710)
商 务 印 书 馆 发 行
北京瑞古冠中印刷厂印刷
ISBN 978-7-100-09093-3

2014 年 7 月第 1 版 开本 880×1240 1/32
2014 年 7 月北京第 1 次印刷 印张 8½ 插页 1
定价:25.00 元

雷 海 宗

(1902—1962)

出版说明

百年前，张之洞尝劝学曰："世运之明晦，人才之盛衰，其表在政，其里在学。"是时，国势颓危，列强环伺，传统频遭质疑，西学新知亟亟而入。一时间，中西学并立，文史哲分家，经济、政治、社会等新学科勃兴，令国人乱花迷眼。然而，淆乱之中，自有元气淋漓之象。中华现代学术之转型正是完成于这一混沌时期，于切磋琢磨、交锋碰撞中不断前行，涌现了一大批学术名家与经典之作。而学术与思想之新变，亦带动了社会各领域的全面转型，为中华复兴奠定了坚实基础。

时至今日，中华现代学术已走过百余年，其间百家林立、论辩蜂起，沉浮消长瞬息万变，情势之复杂自不待言。温故而知新，述往事而思来者。"中华现代学术名著丛书"之编纂，其意正在于此，冀辨章学术，考镜源流，收纳各学科学派名家名作，以展现中华传统文化之新变，探求中华现代学术之根基。

"中华现代学术名著丛书"收录上自晚清下至20世纪80年代末中国大陆及港澳台地区、海外华人学者的原创学术名著（包括外文著作），以人文社会科学为主体兼及其他，涵盖文学、历史、哲学、政治、经济、法律和社会学等众多学科。

出版“中华现代学术名著丛书”，为本馆一大夙愿。自1897年始创起，本馆以“昌明教育，开启民智”为己任，有幸首刊了中华现代学术史上诸多开山之著、扛鼎之作；于中华现代学术之建立与变迁而言，既为参与者，也是见证者。作为对前人出版成绩与文化理念的承续，本馆倾力谋划，经学界通人擘画，并得国家出版基金支持，终以此丛书呈现于读者面前。唯望无论多少年，皆能傲立于书架，并希冀其能与“汉译世界学术名著丛书”共相辉映。如此宏愿，难免汲深绠短之忧，诚盼专家学者和广大读者共襄助之。

商务印书馆编辑部

2010年12月

凡　　例

一、“中华现代学术名著丛书”收录晚清以迄20世纪80年代末，为中华学人所著，成就斐然、泽被学林之学术著作。入选著作以名著为主，酌量选录名篇合集。

二、入选著作内容、编次一仍其旧，唯各书卷首冠以作者照片、手迹等。卷末附作者学术年表和题解文章，诚邀专家学者撰写而成，意在介绍作者学术成就，著作成书背景、学术价值及版本流变等情况。

三、入选著作率以原刊或作者修订、校阅本为底本，参校他本，正其讹误。前人引书，时有省略更改，倘不失原意，则不以原书文字改动引文；如确需校改，则出脚注说明版本依据，以“编者注”或“校者注”形式说明。

四、作者自有其文字风格，各时代均有其语言习惯，故不按现行用法、写法及表现手法改动原文；原书专名（人名、地名、术语）及译名与今不统一者，亦不作改动。如确系作者笔误、排印舛误、数据计算与外文拼写错误等，则予径改。

五、原书为直（横）排繁体者，除个别特殊情况，均改作横排简体。其中原书无标点或仅有简单断句者，一律改为新式标点，专名号从略。

六、除特殊情况外，原书篇后注移作脚注，双行夹注改为单行夹注。文献著录则从其原貌，稍加统一。

七、原书因年代久远而字迹模糊或纸页残缺者，据所缺字数用“□”表示；字数难以确定者，则用“（下缺）”表示。

序

本书上编的几篇文字是抗战前三年间在清华大学发表的。最晚的“中国的家族”一篇于民国二十六年七月一日出版;一周后的夜间,著者在宁静的清华园,就被卢沟桥的炮声由睡梦中震醒。

“中国的元首”(原名“皇帝制度之成立”)见于《清华学报》。“中国的兵”、“中国的家族”(原名“中国的家族制度”)、“世袭以外的大位承继法”、“无兵的文化”、“中国文化的两周”(原名“断代问题与中国历史的分期”)都先后见于清华大学的《社会科学》。除一二字句的修改外,此次合刊仍保留初刊时的原像。

下编中,“此次抗战在历史上的地位”一文是二十七年二月十三日汉口《扫荡报》的一篇专论。“在望的第三周文化”与上下两编前的总论,都是特为此次合刊而作,前此未在他处发表。

民国二十七年十二月,雷海宗于昆明国立西南联合大学

目　录

上　编

下　编

附　录

上　　编

总论
——传统文化之评价

本编各篇都是对于中国旧文化批评估价的文字。前三篇由三个不同的方向探讨秦汉以上的中国——动的中国。第四篇专讲秦汉以下的中国——比较静止的中国。第五篇合论整个的中国历史。五篇文字当初虽曾分别问世,但勉强尚有一贯的线索可寻,内中大半可说是非议与责难,但并不是无聊的风凉话;又有一部分是赏鉴与推崇,但并不是妄自尊大的吹嘘。此中自赞的话,已由抗战的过程证明为真言;自责的话,至今也无修改的必要。此次抗战,是抗战而又建国。若要创造新生,对于旧文化的长处与短处,尤其是短处,我们必须先行了解。中国文化,头绪纷繁,绝非一人所能彻底解明。这几篇文字若能使国人对于传统的中国多一分的明了,著者的目的就算达到了。

一、中国的兵

（一）春秋

（二）战国

（三）秦代

（四）楚汉之际

（五）西汉初期

（六）汉武帝

（七）武帝以后——光武中兴

（八）东汉

（九）后言——汉末至最近

历代史家关于兵的记载多偏于制度方面，对于兵的精神反不十分注意。本文范围以内的兵的制度，《文献通考》一类的书已经叙述甚详。所以作者的主要目的是要在零散材料的许可范围内看看由春秋时代到东汉末年当兵的是什么人，兵的纪律怎样，兵的风气怎样，兵的心理怎样；至于制度的变迁不过附带论及，因为那只是这种精神情况的格架，本身并无足轻重。作者相信这是明了民族盛衰的一个方法。

(一) 春秋

西周的兵制无从稽考,后世理想的记载不足为凭。但西周若与其他民族的封建时代没有大的差别,那时一定是所有的贵族(士)男子都当兵,一般平民不当兵,即或当兵也是极少数,并且是处在不重要的地位。

关于春秋时代,虽有《左传》、《国语》内容比较丰富的史籍,我们对于当时的兵制仍是不甚清楚。只有齐国在管仲时期的军制,我们可由《国语》中①得知梗概,其他各国的情形都非常模糊。按《国语》:

> 管子于是制国以为二十一乡,工商之乡六,士乡十五。公帅五乡焉,国子帅五乡焉,高子帅五乡焉。

这段简单的记载有一点可以注意,就是工商人没有军事义务,因为只有十五个士乡的人才当兵。这些"士"大概都是世袭的贵族,历来是以战争为主要职务的。这个军队的组织与行政组织是二位一体的。行政的划分如下:

(一) 国分十五乡——由乡良人治理;

(二) 乡分十连——由连长治理;

(三) 连分四里——由里有司治理;

① 《国语》卷六《齐语》。

（四）里分十轨——由轨长治理；

（五）每轨五家。

与这个行政划分并行的是管仲所制定的军政制度：

（一）每轨五家，出五人——五人为伍，由轨长统率；

（二）每里五十人——五十人为小戎，即戎车一乘，由里有司统率；

（三）每连二百人——二百人为卒，合戎车四乘，由连长统率；

（四）每乡二千人——二千人为旅，合戎车四十乘，由乡良人统率；

（五）每五乡万人——万人为军，合戎车二百乘；

（六）全国十五乡共三万人——全国三军，戎车六百乘，由国君、国子、高子分别统率。

这是“国”的军队，是由三万家出三万人组织而成。所谓“国”是指京都与附近的地方，只占全国的一小部分。“国”中的居民除工商外，都是世袭的“士”，并无农民。工商直到齐桓公时（西前685至前643年）仍无当兵的义务。农民当初有否这种义务虽不可考，管仲变法之后却有了当兵的责任；但并不是全体农民当兵，而是拣择其中的优秀分子。据《国语》：

> 是故农之子恒为农。野处而不昵，其秀民之能为士者必足赖也。有司见而不告，其罪五。

可见选择农民中的特出人才“能为士者”是有司的一项重要任务。

“国”以外的地方统称为“鄙”，一定有“士”散处各处，但鄙中多数的人当然是人口中绝对多数的农民。管仲所定的鄙组织法如下：

（一）三十家为邑；

（二）十邑为卒——三百家；

（三）十卒为乡——三千家；

（四）三乡为县——九千家；

（五）十县为属——九万家；

（六）鄙共五属——四十五万家。

国中每家出一人，鄙中却不如此；既然规定选择农民中优秀的为士，当然不能有固定的数目。但《国语》中说齐桓公有“革车八百乘”，而“国”中实际只有六百乘；其余二百乘，合一万人，似乎是鄙所出的兵额。这若不是实数，最少是管仲所定的标准。假定四十五万家中有四十五万壮丁，由其中选择一万人，等于每四十五人出一人当兵。① 所以春秋时代的齐国仍是士族全体当兵，但农民中已有少数由法律规定也有入伍的责任。

① 这些数目当然都是大概的成数，并不是精确的实数，但离实数似乎并不甚远。鄙中四十五万家，每家若按五口计算，共合二百二十五万人；若按八口计算，共合三百六十万人。至于国中人多半是士族，行大家族制，所谓三万家的“家”字不知何指。但与鄙相较，国在人口数目上可说无足轻重，我们仍可说三百六十万是齐桓公时齐国人口的最高估计。近代中国人口骤然增加，是与西洋接触后的变态现象，不足为比较的标准。经过满清一百五十年的太平盛世，乾隆晚年的人口大概可代表中国历代人口的最密限度。按清朝《文献通考》卷十九《户口考》一，乾隆四十八年（此后没有分省的统计）山东人口为二千二百零一万二千六百六十一人。这虽也是大概的数目，但自康熙废了人丁税之后人口的统计还大致可靠。这个数目与三百六十万为六与一之比，与二百二十五万为十与一之比。桓公时齐国的领土界线不清，但离今日山东面积的六分之一或者相差不远。即或当时的人口比较后代稀少，《国语》中的记载也与事实大致相合。

别国的情形如何，不得而知。但在同一个文化区域内，各方面的发展一般都是一致的，春秋时代各国的情形大概都与齐国相仿。关于秦穆公（西前659至前621年），战国时代有如下的一个传说：

> 昔有秦穆公乘马而车为败，右服失而野人取之。……见野人方将食之于岐山之阳，穆公叹曰："食骏马之肉而不还饮酒，余恐其伤汝也！"于是遍饮而去。处一年，为韩原之战，晋人已环穆公之车矣……野人尝食马肉于岐山之阳者三百有余人，毕力为穆公疾斗于车下。遂大克晋，反获惠公以归。①

这虽是很晚的传说，但《吕氏春秋》是秦国的作品，关于秦国先君的记载或者不至全为虚构。由这个故事我们可见韩原一战秦国军队中最少有三百个平民出身的兵。

春秋时代虽已有平民当兵，但兵的主体仍是士族。所以春秋时代的军队仍可说是贵族阶级的军队。因为是贵族的，所以仍为传统封建贵族的侠义精神所支配。封建制度所造成的贵族，男子都以当兵为职务，为荣誉，为乐趣。不能当兵是莫大的羞耻。我们看《左传》、《国语》中的人物由上到下没有一个不上阵的，没有一个不能上阵的，没有一个不乐意上阵的。国君往往亲自出战，所以晋惠公才遇到被虏的厄难。国君的弟兄子侄也都习武，并且从极幼小时就练习。如晋悼公弟扬干最多不过十五六岁就入伍；因为

① 《吕氏春秋》卷八《仲秋纪》第五《爱士篇》。

年纪太小，以致扰乱行伍。[1] 连天子之尊也亲自出征，甚至在阵上受伤。如周桓王亲率诸侯伐郑，当场中箭。[2] 此外，春秋各国上由首相，下至一般士族子弟，都踊跃入伍。当兵不是下贱的事，乃是社会上层阶级的荣誉职务。战术或者仍很幼稚，但军心的盛旺是无问题的。一般地说来，当时的人毫无畏死的心理；在整部的《左传》中，我们找不到一个因胆怯而临阵脱逃的人。当时的人可说没有文武的分别。士族子弟自幼都受文武两方面的训练。少数的史筮专司国家的文书宗教职务，似乎不亲自上阵。但他们也都是士族出身，幼年时必也受过武事的训练，不过因专门职务的关系不便当兵而已。即如春秋末期专门提倡文教的孔子也知武事。《论语·述而篇》记孔子“钓而不纲，弋不射宿”，可见孔子也会射猎，并不像后世白面书生的手无缚鸡之力。又《论语·季氏篇》，孔子讲“君子有三戒”说：“血气方刚，戒之在斗。”孔子此地所讲的“君子”似乎不只是阶级的，也是伦理的，就是“有德者”如孔子弟子一类的人。他们要“戒之在斗”，必有“斗”的技艺与勇气，不像后世的文人只会打笔墨官司与研究骂人的艺术。

（二）战国

战国初期文化的各方面都起了绝大的变化。可惜关于这个时代，史料非常缺乏。《左传》、《国语》都已结束；《战国策》本身即不

---

① 《左传》襄公三年。当时悼公自己年只十七岁，扬干幼小可知。

② 《左传》桓公五年。

可靠，对战国初期又多缺略；《竹书纪年》真本后世愚妄的士大夫又眼看着它失传。所以这个轰轰烈烈的革命时代使后来研究的人感到极大的苦闷。我们由《史记》中粗枝大叶的记载，只能知道那一百年间（约西前470至前370年间）曾有几个政治革命，革命的结果是，国君都成了专制统一的绝对君主，旧的贵族失去春秋时代仍然残留的一些封建权利。同时在春秋时代已经兴起但仍然幼稚的工商业①到春秋末战国初的期间已进入政治的领域。范蠡②与子贡、白圭③诸人的传说可代表此时商业的发达与商人地位的提高。

传统的贵族政治与贵族社会都被推翻，代兴的是国君的专制政治与贵贱不分、最少在名义上平等的社会。在这种演变中，旧的文物当然不能继续维持，春秋时代全体贵族文武两兼的教育制度无形破裂，所有的人现在都要靠自己的努力与运气去谋求政治上与社会上的优越地位。文武的分离开始出现。张仪的故事可代表典型的新兴文人：

> 张仪已学而游说诸侯，尝从楚相饮。已而楚相亡璧，门下意张仪曰："仪贫无行，必此盗相君之璧！"共执张仪，掠笞数百。不服，释之。其妻曰："嘻！子毋读书游说，安得此辱乎？"张仪谓其妻曰："视吾舌尚在不？"其妻笑曰："舌在也。"仪曰：

① 《国语》卷十四《晋语八》提到"绛之富商……能金玉其车，文错其服，能行诸侯之贿，而无寻尺之禄"。可见《春秋》时已有富商，但在政治上尚无地位。《左传》僖公三十三年，商人弦高救郑的故事，也是春秋时代有大规模商业的一个证据。

② 《史记》卷四十一《越王句践世家》。

③ 《史记》卷一二九《货殖列传》。

"足矣!"[1]

这种人只有三寸之舌为惟一的法宝,凭着读书所学的一些理论去游说人君。运气好,可谋得卿相的地位;运气坏,可受辱挨打。他们并无军事的知识,个人恐怕也无自卫的武技,完全是文人。

另外一种人就专习武技,并又私淑古代封建贵族所倡导的侠义精神。聂政[2]与荆轲[3]的故事最足以表现这种精神。他们虽学了旧贵族的武艺与外表的精神,但旧贵族所代表的文化已成过去。旧贵族用他们文武兼备的才能去维持一种政治社会的制度,他们有他们的特殊主张,并不滥用他们的才能。他们主要的目的,在国内是要维持贵族政治与贵族社会,在天下是要维持国际的均势局面。这些新的侠士并无固定的主张,谁出高价就为谁尽力,甚至卖命,也正如文人求主而事只求自己的私利一样。列国的君王也就利用这些无固定主张的人去实现君王自己的目的,就是统一天下。历史已发展到一个极紧张的阶段,兵制也很自然地扩张到极端的限度。

可惜关于战国时代没有一部像《左传》或《国语》的史籍,以致时代虽然较晚,我们对于那时的政治史与政治制度反不如春秋时代知道的清楚。各国似乎都行军国民主义;虽不见得人人当兵,最少国家设法鼓励每个男子去当兵。关于这种近乎征兵的制度,只《荀子》中有一段极简略而不清楚的记载:

---

① 《史记》卷七〇《张仪传》。
② 《战国策》卷二十七《韩策二》。
③ 《战国策》卷三十一《燕策三》。

齐人隆技击，其技也，得一首者则赐赎锱金。……魏氏之武卒以度取之，衣三属之甲，操十二石之弩，负服矢五十个，置戈其上，冠軸带剑，赢三日之粮，日中而趋百里。中试则复其户，利其田宅。……秦人其生民也陋阸，其使民也酷烈，劫之以势，隐之以阸，忸之以庆赏，鰌之以刑罚，使天下之民所以要利于上者，非斗无由也。①

这是一段战国时代好空谈的儒家的记载，对于军事并无同情，所以记载的也不清楚。但看来秦国似乎是行全民皆兵的制度，齐、魏两国最少希望为多数的人民都能当兵定出一定的标准，以重利为诱惑，驱使多数人都努力去达到规定的标准。

战国时代的战争非常残酷。春秋时代的战争由贵族包办，多少具有一些游戏的性质。我们看《左传》中每次战争都有各种的繁文缛礼，杀戮并不甚多，战争并不以杀伤为事，也不以灭国为目的，只求维持国际势力的均衡。到战国时代，情形大变，战争的目的在乎攻灭对方，所以各国都极力奖励战杀，对俘虏甚至降卒往往大批的坑杀，以便早日达到消灭对方势力的地步。吴越之争是春秋末年的长期大战，也可说是第一次的战国战争。② 前此大国互相之间并无吞并的野心，对小国也多只求服从，不求占领。吴国仍有春秋时代的精神，虽有灭越的机会仍然放过，但伍子胥已极力主张灭越。后来越国就不客气，把横行东南百余年的大吴国一股吞并。从此之后，这就成为常事。

坑卒与战争时大量的杀伤，据《史记・秦本纪》与《秦始皇本

① 《荀子》卷一〇《议兵篇》第十五。

② 《国语》卷十九《吴语》，卷二〇《越语》。

纪》，前后共十五次：

（一）献公二十一年，与晋战于石门，斩首六万；

（二）惠文王七年，与魏战，斩首八万；

（三）惠文王后元七年，秦败五国兵，斩首八万二千；

（四）惠文王后元十一年，败韩岸门，斩首万；

（五）惠文王后元十三年，击楚于丹阳，斩首八万；

（六）武王四年，拔韩宜阳，斩首六万；

（七）昭襄王六年，伐楚，斩首二万；

（八）昭襄王十四年，白起攻韩、魏于伊阙，斩首二十四万；

（九）昭襄王三十三年，破魏，斩首十五万；

（十）昭襄王四十三年，白起攻韩，斩首五万；

（十一）昭襄王四十七年，白起破赵于长平，坑降卒四十余万；

（十二）昭襄王五十年，攻三晋，斩首六千，晋军走死河中二万；

（十三）昭襄王五十一年，攻韩，斩首四万；攻赵，首虏九万；

（十四）王政二年，攻卷，斩首三万；

（十五）王政十三年，攻赵，斩首十万。

《秦本纪》与《秦始皇本纪》是太史公根据《秦纪》所作，事实大致可靠。其中所记都是秦国战胜后的杀伤数目。此外秦国失利甚至战胜时的死伤并未记载，其他六国相互间的战争当然杀伤也很可观。这是各国都全民武装的自然结果。斩首与大规模的坑杀成为常事，无人认为奇怪。

后代的人对于战国时代斩首数目的宏大，尤其对于坑杀至数十万人的惊人事实，往往不肯置信。这可说都是因为后代不善战、不肯战的文人不能想象历史上会有这种残酷的时代。秦国以斩首多少定功行赏，斩首的数目不会有误。别国恐怕也采同样的办法。我们不可忘记这是一个列国拼命的时代，战争的目的是要彻底消灭对方的抵抗力。战争都是灭国的战争，为达到灭国的目的，任何手段都可采择。这是一个文化区域将要统一时的必有现象。罗马与迦太基的死战是古代地中海文化区将要统一时的大战。迦太基是当时的大国，但三战之后罗马不只灭了迦太基的国家，并且连它的人民也大多屠戮。这是有可靠的史料可凭的史实。可惜战国时代完全可凭的材料太少，但关于政治史与战争史，《秦本纪》与《秦始皇本纪》还算是最可靠的资料，我们没有否认的理由。

这种紧张的空气当然是不易忍受的。厌战的心理与军国主义相偕并进。墨子、宋钘一班人的奔走和平，不过是最惹当时与后世注意的厌战表现。一般的人民，虽然受暗示与群众心理以及国家威胁利诱的支配，或者多数乐意入伍，但必有少数是不愿参加这种屠宰场式的战争的。这种平民的呼声当然难以传到后代，但并非全无痕迹可寻。关于吴起，有如下的一段记载：

> 起之为将，与士卒最下者同衣食，卧不设席，行不骑乘，亲裹赢粮，与士卒分劳苦。卒有病疽者，起为吮之。卒母闻而哭之。人曰："子，卒也，而将军自吮其疽。何哭为？"母曰："非然也！往年吴公吮其父，其父战不旋踵，遂死于敌。吴公今又吮其子，妾不知其死所矣！"①

① 《史记》卷五十六《吴起传》。

可见在战国的死拼局势之下当权的人想尽方法去鼓励人民善战，战死的特别多，整个家庭绝灭的例一定也不少；民间自然有厌战的心理发生，故事中士卒的老母不过是我们由古籍中所仅见的一人而已。

总之，战国时代虽是战争极烈，但由军心民气方面看，两种不健全的现象也萌芽于此时：一是上等阶级的文武分离与和平主义的宣传提倡，一是一般人民中厌战心理的渐渐发生。在当时的紧张空气之下，这两种现象好似都不严重，不过是狂曲中陪衬的低音，使正曲益发显得壮烈。但后代军民隔离、社会解体的没落局面都孕育在这两种不甚惹人注意的现象中。

（三）秦代

秦在战国时代行征兵制，大概是无疑问的。情形特别严重时，甚至连童子也上阵。例如长平之战，秦王亲自到河内，“赐民爵各一级，发年十五以上悉诣长平”。[①] 不过天下一统之后这种制度就不便不加修改，而仍全部地实行。前此征兵制是因各国竞争，需要人人当兵。现在天下一家，内战理当消灭，对外也不一定需要天下人都去从军。并且六国虽被武力统一，最少一部分人仍有旧国的留恋，秦始皇对这般人也不敢轻于信任，所以即皇帝位的当年（始皇二十六年，西前221年）就大规模地缴械：

① 《史记》卷七十三《白起传》。

大酺，收天下兵，聚之咸阳，销以为钟鐻，金人十二，重各千石，置廷宫中。①

这几句轻描淡写的文字所讲的是当时一件富有危险性而办理十分敏捷的大事。秦汉时代平时禁止人民聚饮：

汉律：三人已上无故群饮，罚金四两。②

汉制多承秦旧，这条汉律一定也是秦时的旧法。秦方并天下，于是就表示庆祝，特别许人民随意聚饮。这是很自然的事，人民当然不疑有什么作用。始皇暗中摆布，很容易的就把民间所藏的军械查出没收。虽然全部检出是办不到的事，被没收的一定要占很大的部分。因为前此民间都有兵器，并无禁例，所以军械一定都公开的摆列，没有藏匿的需要，检查没收并无困难。

不过有一点《本纪》中没有言明，却是很关重要的事，就是所谓"收天下兵"的"天下"是否也包括秦国旧地在内。按理秦国人民对新局面不致不满意，无需缴械。若秦人也缴械，岂非国家就要无兵可用？所以十二铜人与铜器所用的大概都是六国的铜。

但无论如何，天下的重兵都驻在关中，兵士大多必是旧秦国人。此点由秦始皇的驰道政策可以看出。秦始皇并天下的次年，二十七年，就开始治驰道。③ 驰道的形势，据汉初人的传说：

① 《史记》卷六《秦始皇本纪》。

② 《史记》卷一〇《孝文帝本纪》即位之年，《集解》引文颖注。

③ 《史记》卷六《秦始皇本纪》。

为驰道于天下，东穷燕齐，南极吴楚，江湖之上，濒海之观毕至。道广五十步，三丈而树，厚筑其外，隐以金椎，树以青松。①

文中“东穷燕齐，南极吴楚”两句话极可注意。只讲东与南，不提西与北，可见所有驰道的路线都以秦，尤其是咸阳，为起发点，直达六国的各冲要地，以便秦兵随时能迅速地开出平乱。这证明天下的重兵驻在关中，其他各地只有轻兵镇压，或者只有郡尉所领地方的保安兵，并非正式的军队。始皇相信民间兵器大部没收，又有驰道可任秦兵随时开往各地，六国的旧地不致有大问题发生。若地方有兵驻守，我们很难想见秦二世时各地起兵何以那样容易。

秦代当初要将军队限于秦人，但事实上不免有很大的困难。内战虽已停止，边患并未消灭。并且从前各国分担的边防现在归秦独自担当，同时关中所驻以防六国复起的重兵也不见得比战国末期秦国所需的兵少得许多。所以按始皇原来的计划，一定要有感到兵不足用的一天。尤其四边用兵，与边疆的防戍，规模太大，只靠秦国人决难办到。所以始皇三十三年

① 《汉书》卷五十一《贾山传》。这是贾山为汉文帝所作《至言》中的话。贾山的年岁不可考，《至言》的年代也无记载，只说在文帝除铸钱令之前；据《文帝纪》，除铸钱令在五年（西前175年），秦亡于西前207年，当中只有三十二年的时间。贾山此时年岁最少当在三十左右，所以他个人必曾亲见秦的驰道。况且汉时的驰道承继秦旧，到文帝时还没有多少改变。所以这种记载，今日看来虽像过于铺张，所讲的却是著者亲见的官道，决非文人空弄笔墨的浮词。

> 发诸尝逋亡人、赘婿、贾人略取陆梁地。①

这里并未说所发的限于秦国，并且秦国逋亡人等恐怕原有当兵的责任，无需特别征发。所以这次所发的一定是天下各地的人。此外还有一个证据：秦二世二年，天下大乱，李斯等谏二世：

> 关东群盗并起，秦发兵诛击，所杀亡甚众，然犹不止。盗多，皆以戍漕转作事苦，赋税大也。请且止阿房宫作者，减省四边戍转。②

由此可见边疆戍转是关东大乱的一个重要原因，证明边疆上的兵并不是秦人，至少秦人不占多数。由始皇三十三年取陆梁地所发的人，我们可知戍边人的成分：逋亡人是流民，赘婿都是贫困无赖的人，贾人是抑商政策下所认为卑贱的人。③ 总而言之，所发的都是社会所认为下流的人。这些下流人大概没有留恋旧国的思想，所以将他们发到边疆并无危险。这是后代只有流民当兵，兵匪不分，军民互相仇视的变态局面的滥觞。同时，良家子弟渐渐不愿当兵恐怕也是秦代不得不发流民的一个原因。缴天下械，征发流民，一方面是与秦有利的政策，一方面恐怕也正合乎一般厌战人民的心理。在这种两便的局面下，古代健全活泼的社会就被断送。

---

① 《史记》卷六《秦始皇本纪》。

② 同上。

③ 秦的重农抑商政策见《秦始皇本纪》二十八年琅邪台刻石文。

(四)楚汉之际

六国遗民的复国思想,秦代用民的过于积极,是秦亡的两个主要原因。各地起兵叛秦的多是乌合之众。例如陈胜起兵的基本队伍就是发遣屯戍渔阳的人,彭越起兵时所领的不过是些强盗与流浪少年,黥布也是强盗头目,郦商是流氓头目。①《史记》中常常讲到这些人到各处"略人","略地",或"徇地"。所谓"略人"云云就是到各处招募流氓的意思。这些初起的都是流氓集团。在起事的人中,只有项羽、刘邦两人的兵比较可用。两人起事的地方(沛与会稽)都是战国时代楚国的旧地。楚在战国末期是秦以外最强的国家。各国在亡国的前夕抵抗的能力已经消灭。② 缘故虽然不很明显,但秦的奖励战杀与大规模坑杀降卒恐怕是使列国的青年与壮丁日愈减少以至抵抗力几乎消灭的重大原因。所以五国最后吞并时,秦国反倒不觉特别费力。只有楚国情形不同。李信当初率二十万人攻楚,为楚所败。后来老将王翦用六十万兵才把楚国解决。③ 可见楚国仍是一个严重的问题。六国虽都有散兵游勇,恐怕只有楚国余的退伍士卒比较盛多,因为《史记》与《战国策》中都没有亡国时楚国军队为秦国大批屠杀

---

① 《史记》卷四十八《陈涉世家》,卷九〇《彭越传》,卷九十一《黥布传》,卷九十五《郦商传》。

② 《史记》卷六《秦始皇本纪》及各《世家》。只有齐国在被燕一度占领之后专讲和平主义,最后不抵抗而亡。别国亡时都是抵抗力消灭,并不是有兵而不用。

③ 《史记》卷七十三《王翦传》。

的记载。在以前二三十年间，秦国的兵力多用在北方，无暇顾到楚国，在别国大受痛创时楚国的元气仍得保全。所以楚国虽亡，可能的实力还是很大。“楚虽三户，亡秦必楚”的谶语[①]意义虽不清楚，必有事实上的根据。当时的人恐怕都觉得只有楚国将来或有翻身的能力，甚或将秦推倒。所以北方起事的军队都不值章邯所领的秦兵一击，只有楚军可与秦兵一拼。太史公将这种情形描写得极为透彻活现：

> 当是时楚兵冠诸侯，诸侯军救巨鹿下者十余壁，莫敢纵兵。及楚击秦，诸将皆从壁上观。楚战士无不一以当十，楚兵呼声动天。诸侯军无不人人惴恐。于是已破秦军，项羽召见诸侯将。入辕门，无不膝行而前，莫敢仰视。项羽由是始为诸侯上将军，诸侯皆属焉。[②]

巨鹿之战虽有善战的项羽为将，但若无比较强悍的兵，也决难与历来有胜无败的秦军相抗。这次战争的结果极为重要。当时秦国最大的一支军队由章邯率领，驻在巨鹿附近的棘原，与项羽有过几次小接触，都不利。但两方大军若背水一战，胜负正不可知。所以项羽虽已击破巨鹿的秦兵，对这支大军能否应付还是

---

① 《史记》卷七《项羽本纪》。范增说项梁：“自怀王入秦不返，楚人怜之至今。故楚南公曰：‘楚虽三户，亡秦必楚也。’”南公，据《汉书》卷三〇《艺文志》阴阳家有《南公》三十一篇，自注称南公为“六国时”人。无论这段谶语是否六国时南公所说，也无论当初的意义如何，但到秦统一天下后仍是楚国民间流行的预言，一方面表示楚民的希望，一方面证明楚国人相信自己终有灭秦的一天。这种信仰的事实根据就是在灭亡的六国中只楚国还有相当的实力。

② 《史记》卷七《项羽本纪》。

问题。章邯若能败项羽,秦朝的寿命或能延长下去也未可知。章邯与项羽的相拒是历史上一个紧要的关头。但最后的结局却是出乎意外的荒谬可笑。因为后方有赵高作祟,章邯于是不经大战就带二十万的劲旅向项羽投降,并为诸军的前导向西攻秦。然而项羽对这支强大的秦军终不敢信任,于是乘夜把它全部坑杀。这是战国以来最末次的大批坑杀降卒。这支军队代表当时秦国实力的主体,从此秦的命运不卜可知。同时这支军队又可说是最后的一支国家军队,代表战国时代所遗留下来征兵制度下有训练、有组织的正式军队。从此以后,这类的军队在中国历史上就完全绝迹。各地起事的人虽都打着六国的旗号,实际他们谁都不代表,只代表他们自己。军队并不属于任何国家或任何地方,只属于他们自己。此后的军队都是个人的军队。军队的品格、纪律、战斗力等等都靠主帅一人。主帅若肯忠于国家,他的军队临时就是国家的军队。主帅若要反抗国家,十有八九他的军队是牺牲国家而拥护主帅的。列国并立时所激荡而生的国家主义到统一之后渐渐衰弱。用六国的名义推翻秦朝,可说是旧日国家主义的回光返照。在这次的大混乱中,旧的爱国思想就寿终正寝。汉代虽常有内乱,但决不是由地方爱国思想所推动的内乱。爱国思想本由列国竞争所产生,天下一统之后爱国思想既然源泉枯竭,当然要趋于消灭。同时将当初狭义的爱国观念崇高化,推广于天下一统的大帝国,在理论上当然是可以办到,但实际只有极少数想象力较大、信仰心较深、知识较广的人或者能了解这种大而无外的理想,大多数人对这种观念根本不发生兴趣。爱国观念中消极的成分较积极的成分浓厚得多。爱国志士与其说是爱本国,不如说是恨别国。恨恶别国,轻视别国,是爱国观念的必需条件;要不然，爱国观念就必渐渐衰弱以至于消灭。秦代与楚汉之际就是中国历史上这种大转变的时期。爱国的观念消灭，爱天下的观念流产，人民渐多不愿入伍，结果就产生了一个麻木昏睡的社会。

（五）西汉初期

汉初在理论上又恢复了战国时代流行而秦代临时间断的征兵制。当时力役与军役是同一件事。据董仲舒说：

> 月为更卒，已复为正。一岁屯戍，一岁力役，三十倍于古。①
>
> 颜师古注："更卒，谓给郡县一月而更者也。正卒，谓给中都官者也。"

在乡间当差称"更卒"，在中央当差称"正卒"。这些正卒实际恐怕就是保卫京师宫殿以及各官署的卫士。同时在地方当差的，除为地方官署服役外，又是地方的军队：

> 《汉仪注》云：民年二十三为正。一岁为卫士，一岁为材官骑士，习射御骑驰战陈。又曰：年五十六衰老，乃得免为庶民，就田里。②

① 《汉书》卷二十四上《食货志上》。
② 《汉书》卷一上《高帝纪上》二年，注引如淳说。

这种种的力役与军役总称为“更”。更又分三种：

更有三品：有卒更，有践更，有过更。古者正卒无常人，皆当迭为之。一月一更，是谓卒更也。贫者欲得顾更钱者，次直者出钱顾之，月二千，是谓践更也。天下人皆直戍边三日，亦名为更，律所谓繇戍也，虽丞相子亦在戍边之调。不可人人自行三日戍；又行者当自戍三日，不可往便还，因便住，一岁一更。诸不行者出钱三百入官，官以给戍者，是谓过更也。①

这显然是事实修改理论的现象。天下统一后无需人民全体当兵，并不是这种新更赋制的主要原因。即或无需全体上阵，在地方受训练是每人可作也是健全社会每人当作的事。现在有践更的规定，一定有许多人根本就不再与军役发生任何的关系。并且这些人既能出雇更钱，多半都是在社会上地位比较高、资产比较厚、知识也比较深的人。春秋时代是上等社会全体当兵，战国时代除了少数以三寸舌为生的文人外，是全体人民当兵，现在上等社会不服军役而将全部卫国的责任移到贫民甚至无赖流民的肩上。所以汉代称这种制度为“更赋”，其中“更”的成分恐怕很少，“赋”的成分却极重要。“过更”当然完全是一种戍边税；“践更”虽不是直接交纳与国家的一种税，但国家既正式承认有钱者雇无钱者代替当兵，也等于一种税。少数“卒更”的人虽可说是直接尽国民当兵的义务，但实际他们恐怕都是终身当兵的，因为

① 《汉书》卷七《昭帝纪》元凤四年，注引如淳说。

他们自己的期限满了之后就继续受雇“践更”或领饷“过更”。所以汉初在理论上虽仍行征兵制，实际所行的已是募兵制，不过尚未有募兵的名义而已。秦代发流民的临时政策到汉代就成了国家法定的制度。

汉高帝出身民间，对一般人民不肯当兵的情形恐怕知道的很清楚。所以他定制度时已默认征兵是不能实行的：

> 高祖命天下郡国选能引关蹶张、材力武猛者，以为轻车、骑士、材官、楼船；常以立秋后讲肄课试，各有员数。平地用车骑，山阻用材官，水泉用楼船。①

文中的“选”字很可注意，“选”实际就是“募”。不过不被选的人要直接纳一种免役税，名义上算是认为大家都有当兵的义务。

汉初的兵力极其微弱。楚汉竞争的劳民伤财只能解释这种情形的一部分。征兵制破裂，募兵制又没有完全成立，兵制不定，组织一个可用的军队恐怕很不容易。同时又逢边疆上有强大的部落集团出现，以致大汉帝国只能守而不能攻。汉高帝虽然统一天下，却被匈奴困于白登，后来贿赂阏氏才得脱险。高帝算是受

① 《后汉书》卷一下《光武帝纪下》建武七年，注引《汉官仪》。关于四种军队地理上的分配，史籍中没有清楚的记载。由散乱的材料中可知巴蜀（《汉书》卷一下《高帝纪下》十一年）、三河、颍川、沛郡、淮阳、汝南（《汉书》卷八《宣帝纪》神爵元年）有材官；河东、上党（《汉书》卷三《高后纪》五年）、三辅（《汉书》卷六《武帝纪》征和元年）、金城、陇西、天水、安定、北地、上郡（《汉书》卷八《宣帝纪》神爵元年）有车骑；寻阳（《汉书》卷六十四上《严助传》）、桂阳、豫章、零陵（《汉书》卷六《武帝纪》元鼎五年）、会稽（《汉书》卷六十四上《朱买臣传》）、齐沿海地（《汉书》卷六《武帝纪》元封二年）有楼船。

了一番教训，从此知道匈奴不像项羽一般人那样容易对付，只得委曲求和，行和亲的政策。高帝死后，单于冒顿甚至向吕后下求婚书：

孤偾之君生于沮泽之中，长于平野牛马之域，数至边境，愿游中国。陛下独立，孤偾独居；两主不乐，无以自虞。愿以所有，易其所无！

中国虽受了这样大的侮辱，吕后虽然怒不可遏，终不敢向匈奴发兵，只得婉词谢绝冒顿开玩笑的请求：

单于不忘弊邑，赐之以书。弊邑恐惧，退日自图：年老气衰，发齿堕落，行步失度。单于过听，不足以自污。弊邑无罪，宜在见赦！窃有御车二乘，马二驷，以奉常驾。

冒顿还算是好汉，肯认错，回想自己向岳母求婚未免过于无聊，覆书向吕后谢罪。后来文、景二帝时中国虽照旧和亲并送重礼，仍不能防止匈奴屡屡寇边，焚杀劫掠。①

汉代最后一次壮丁的全部或大部被征发，只限于一个地方，就是七国乱时的吴国。吴王濞下令吴国：

“寡人年六十二，身自将；少子年十四，亦为士卒先。诸年

① 俱见《汉书》卷九十四上《匈奴传上》。

上与寡人比，下与少子等者，皆发。”发二十余万人。①

吴不只征发壮丁，连老幼的男子凡能勉强上阵的也都发出。除吴外，七国中楚最强，但史籍中没有楚国兵额的记载。这里所谓吴、楚二国就是战国末期楚国的地方，也是秦末惟一兵强的区域。楚汉之争时项羽就是以此地为根据地，并且由垓下楚歌的故事可知项王的士兵大部都是楚人。七国之乱是旧日楚地武力充实的最后表现，以后就长久的寂寞无闻。天下也不再有征发全体男子当兵的现象。

(六) 汉武帝

到汉武帝时(西前140至前87年)，兵制上各种不健全的办法都发展成熟；所以武功虽盛，却是建在不稳固的基础之上。因为一般人不肯当兵，②武帝就开始正式募兵。旧日戍边的制度在人心涣散的局面下极难维持，于是屯田的制度成立。募兵与屯兵仍有时感到不足用，就大批的发囚徒，甚至雇用外族人当兵。一方面由于汉初六十年的养息，一方面由于武帝能牢笼人才，在种种的畸形发展下中国历史上居然有空前绝后纯汉族的大帝国出现。

---

① 《史记》卷一〇六《吴王濞传》。下面吴王告诸侯书又说吴国中有精兵五十万，恐怕是夸大其词的吹嘘。二十万是实数。

② 武帝向西南夷发展，要征发巴蜀的人，许多人宁可自杀而死，也不愿应征！这或者是极端的例子，但也可见出当时的空气。见《汉书》卷五十七下《司马相如传下》“喻巴蜀檄”。

汉初中央有南北军。关于南北军的组织与统制,《汉书》中没有清楚的记载。南北军有多少兵也不可考。在理论上南北军或者是由郡国的人民轮流番上,但实际上恐怕终身当兵的人必定不少。南北军的兵额不见得很大,只够维持京师的治安;国家需用大军时,多半要靠郡国临时调发。这种办法或者可以维持苟安的局面,但若想彻底解决边疆的问题,非另辟途径不可。武帝看到这一点,所以即位后就招募精兵维护京师。第一种称期门,次一等的称羽林。[①] 至于期门、羽林从此就代替了当初的南北军,或与南北军并立,或与南北军混合,都不可知。最少由武帝以下南军的名称未再提及,似乎期门、羽林是代替了南军。武帝所选的都是关西六郡(陇西、天水、安定、北地、上郡、西河)的良家子弟,从此六郡多出名将。[②] 期门、羽林专选强健武勇的子弟。例如元帝时甘延寿是北地人,善骑射,为羽林,后升为期门,屡次有功,至于封侯。[③] 这虽是较晚的例子,甘延寿却是一个典型的六郡子弟,是以当兵为职业而起家的。

北军的名称武帝以下仍旧。但性质也与以前不同。武帝设置了八校尉:

(一)中垒校尉,掌北军垒门内,外掌西域;

(二)屯骑校尉,掌骑士;

---

① 《汉书》卷十九上《百官公卿表上》。

② 《汉书》卷二十八下《地理志下》。当然皇帝的鼓励提倡并不是六郡以及整个的西北多出名将的惟一原因,也不见得是最重要的原因。一般在安逸地带的人尚文,甚至文弱;在危险地带的人尚武,甚至粗鲁。汉代外患在西北,西北多出名将是很自然的事。

③ 《汉书》卷七〇《甘延寿传》。

（三）步兵校尉，掌上林苑门屯兵；

（四）越骑校尉，掌越骑；

（五）长水校尉，掌长水、宣曲胡骑；

（六）胡骑校尉，掌池阳胡骑；

（七）射声校尉，掌待诏射声士；

（八）虎贲校尉，掌轻车。①

北军的名义虽仍存在，但已被新设的中垒校尉所并。七校统称北军，由中垒校尉总管。中垒校尉同时又掌管西域，所谓北军已不是专卫京师的禁军。至于这七支军队的组成方法，三支外族兵当然是由胡越的降人充当；其他四军的士兵如何召来虽不可考，但由期门、羽林的例子与当时人民不肯当兵的风气来看，一定是由召募而来，或者也多是六郡的子弟。这是汉武帝时第一种新的兵力。

汉初戍边的人以一年为期。但这种办法并不妥当，文帝时晁错已见到此点。胡人游牧为生，往来不定，乘虚入寇，边兵防不胜防。中央或邻地发大兵来援，胡寇早已不知去向。所以边兵费的粮饷虽多，效力却微乎其微。戍兵屯边一年，对边情方才熟习，就又调回，新来的兵仍是生手。况且戍边本是苦事，内地人多不愿去。晁错见到这种种困难，于是想出屯田的方法，专用囚犯与奴婢，不足用时再以厚利高爵召致良民。这些边兵兼营农业，可省去国家一大笔军费；都终身甚至世世代代守边，对边情必定熟习，防御边寇的效率必高。文

① 《汉书》卷十九上《百官公卿表上》。所谓八校尉实际只领有七支军队，因为中垒校尉是总领一切的人，并不是一军的校尉。所以《汉书》卷二十三《刑法志》说："至武帝，平百粤，内增七校。"晋灼注认为胡骑不常置，所以称七校，恐怕不妥。七校统称为北军。

帝听信了晁错的话，开始在边境屯田。[①] 但大规模的屯田到武帝时才实行。元狩二年（西前 121 年）在西北置武威、酒泉二郡，元鼎六年（西前 111 年）又分两郡地，加置张掖、敦煌二郡，徙民六十万为屯田。[②] 元狩四年（西前 119 年）卫青、霍去病大败匈奴，漠南空虚，自朔方以至令居（甘肃永登）屯田五六万人。开发西域以后，由敦煌至盐泽（吐鲁番西南）又随地置屯亭，远至轮台渠犁（迪化以南）之地都有田卒数百人，有使者校尉负责维持，一方面为汉在西北的驻防军，一方面又可接济中国遣往西域的使臣。[③] 总理西北屯田事务的并有屯田校尉。屯兵是武帝时第二种军力。

武帝时第三种重要的军士就是外国兵。[④] 胡越骑上面已经提到。此外尚有属国骑，是匈奴兵。元狩二年，匈奴昆邪王杀休屠王，带四万人来降，武帝划降地为武威、酒泉郡，并置五属国使匈奴降人居住。[⑤] 五属国并不设在原地。昆邪王的旧地置为二郡，后又析为四郡，由汉人屯田，渐渐汉化。属国都设在后方，为的是便于控制。五属国就是天水郡的勇士县、安定郡的三水县、上郡的龟兹县、西河郡的美稷县、五原郡的蒲泽县，每属国都有皇帝派的属国都尉治理。[⑥] 这些地方都在匈奴旧地的河南（河套）与河南以南的

---

① 《汉书》卷四十九《晁错传》。

② 《汉书》卷六《武帝纪》，卷二十四下《食货志下》。

③ 《汉书》卷九十四上《匈奴传上》，卷九十六上《西域传序》。

④ 晁错在文帝时已经提议以夷制夷，用降胡当兵。但文帝似乎没有采纳。见《汉书》卷四十九《晁错传》。

⑤ 《汉书》卷六《武帝纪》。

⑥ 《汉书》卷二十八下《地理志下》。此外中央又有典属国，或者是属国都尉的上司。据《汉书·百官公卿表上》，典属国是"秦官，掌蛮夷降者"。但秦时似乎没有将降人处在内地的事，典属国的责任恐怕是管理秦所征服的蛮夷土地与人民，并不像汉代的掌理迁处内地的蛮夷。

地带，都是原来的汉地或已经汉化的地方。

武帝时第四种军力就是囚徒。发囚徒为兵并不始于武帝。秦二世二年（西前 208 年）陈胜势力膨胀，二世一时来不及调动大军，于是就赦宥郦山修治始皇陵寝的囚徒，由章邯率领去攻陈胜。这是中国历史上第一次用囚徒为兵的例。但这是临时不得已的办法，后来继续发兵，所以章邯部下的主体仍是正式的军队。[①] 第二次用囚徒，似乎是在汉高帝十一年（西前 196 年）英布反时。北军三万人与关中巴蜀的材官只足保护关中，不敢出发远方；汉统一天下不过六七年，对国本重地不敢不慎重。高帝不得已，于是"赦天下死罪以下，皆令从军"，才把英布打败。[②] 这次也是临时救急的措置。此后八十年间，国家似乎没有再采用这种办法。[③] 到武帝大规模向四方发展时，发囚徒才成了固定的政策。详情容待下面再讲。

由上述的情形我们可得一个结论，就是兵与民隔离的局面已经非常明显。募兵是少数或因喜好冒险、或因受厚赏的诱惑才入伍的人，是一种职业兵。屯兵有的出于强迫（囚徒），有的出于自愿，但到边疆之后就成了永久固定的边军，也是一种职业兵。胡越骑与属国骑是国家雇用的外族，更是以当兵为职业的。囚徒不是职业兵，乃是国家无办法时强迫入伍的，但一经入伍之后恐怕也就成了终身的职业。汉武帝虽然也发郡国的民兵，但这四种职业兵的地位比民兵的地位日趋重要。这四种兵，从兵的身份上说，都不

① 《史记》卷六《秦始皇本纪》。

② 《汉书》卷一下《高帝纪下》。

③ 武帝元鼎五年（西前 112 年）才又发囚徒，离高帝十一年有八十四年的功夫。

是直接由民间产生的，大半都是民间的流浪分子，甚至外族的浪人。他们既不直接出于民间，与一般的人民自然没有多少情感上的联系。对于国家他们也很难说有多大的忠心，不过皇帝养他们，他们替皇帝卖死就是了。一般的民众处在大致安定的大帝国之内，渐渐都不知兵。这些既不肯卫国又不能自卫的顺民难免要遭流浪集团的军人的轻视。由轻视到侮辱，是很短很自然的一步。同时因为军人多是浪人，所以很容易遭一般清白自守的良民的轻视。不过这种轻视没有武力作后盾，不能直接侮辱军人，只能在言语上诋毁。“好铁不打钉，好汉不当兵”的成语不知起于何时，但这种鄙视军人的心理一定是由汉时开始发生的。

由春秋时代到汉代的发展经过，总括一句，先是军民不分，后来军民分立，最后军民对立。军民对立之下的军队最难驾御。除粮饷充足外，将才是必不可少的条件。当然任何的军队都需要有才的人率领。但真正的民兵，即或主将不得人，顶多也不过是打败仗，决不至直接祸国殃民。流浪军却非有才将率领不可，否则不止要战败辱国，并且要行动如土匪，甚至公开的变成土匪。汉武帝的伟大时代就建设在这种军力之上。武帝个人缺点虽多，却是认识人才、善用人才的明主。他能从社会各阶级中找出有才的人，并且能尽量用这些人才。我们可将武帝一代的战争列一个表，就可看出他的武功的经纬：①

① 《汉书》卷六《武帝纪》，卷五十四《李广、苏建传》，卷五十五《卫青、霍去病传》，卷六十一《张骞、李广利传》，卷九十七上《孝武李夫人传》，卷六十四上《严助传》，卷六十六《公孙贺传》，卷九〇《王温舒传》、《杨仆传》，卷九十四上《匈奴传上》，卷九十五《西南夷两粤朝鲜传》，卷九十六《西域传》。

年	对　象	兵	将	结　果
建元三年 西前138年	攻闽越，救东瓯	会稽兵	严助（会稽人，家贫，举贤良）	闽越逃生
建元六年 西前135年	攻闽越，救南越		王恢 韩安国（梁成安人）	闽越人杀其王郢而降
元光六年 西前129年	攻匈奴	四万骑	卫青（私生子，生父为小吏，归生父收养） 公孙敖（北地义渠人） 公孙贺（北地义渠人，祖父守陇西） 李广（陇西良家子，秦将李信后裔，善射）	卫青胜，首虏七百级 公孙敖败，失七千级 公孙贺无功 李广被虏，逃归
元朔元年 西前128年	攻匈奴	三万骑	卫青（见上） 李息（北地人）	首虏数千级，降人二十八万，设苍海郡（三年罢）
元朔二年 西前127年	攻匈奴		卫青（见上） 李息（见上）	首虏二千三百，俘三千人，畜百余万，收河南地置朔方郡、五原郡
元朔五年 西前124年	攻匈奴	十余万，多为车骑	卫青（见上） 李息（见上） 公孙贺（见上） 张次公（河东人） 苏建（杜陵人） 李蔡（李广从弟） 李沮（云中人）	俘虏万五千人，畜百万

(续表)

年	对象	兵	将	结果
元朔六年春 西前123年	攻匈奴	十余万骑	卫青(见上) 公孙敖(见上) 公孙贺(见上) 苏建(见上) 李广(见上) 李沮(见上) 赵信(降汉之匈奴小王)	虏三千级
元朔六年夏 西前123年	攻匈奴	十余万骑	卫青(见上) 六将军(同前)	卫青大胜,首虏万九千级 李广无功,亡军,独身逃还 赵信败,降匈奴
元狩二年春 西前121年	攻匈奴	万骑	霍去病(卫青姊私生子)	斩首九千级
元狩二年夏 西前121年	攻匈奴		霍去病(见上) 公孙敖(见上)	霍去病大捷,斩首三万余,降人二千五百 公孙敖失道
元狩二年夏 西前121年	攻匈奴	万四千骑	张骞(汉中人) 李广(见上)	张骞后期 李广杀三千人,但全军覆没逃归
元狩四年 西前119年	攻匈奴	十万骑,人民乐从者四万骑,步卒数十万(内有乐从者)	卫青(见上) 霍去病(见上) 公孙敖(见上) 李广(见上) 赵食其(冯翊人)	卫青至漠北,围单于,斩首万九千 霍去病与左贤王战,斩首俘虏共七万级,漠南空虚 汉军死者数万,马十四万,所余

（续表）

年	对　象	兵	将	结　果
				不满三万。李广后期自杀，赵食其后期赎死
元鼎五年 西前 112 年	攻南越及西南夷	天下罪囚，江淮以南楼船，夜郎兵，巴蜀罪人共十万余人	路博德（西河平州人） 杨仆（宜阳人） 越侯严（越降人） 甲（越降人） 越侯遗（越降人）	南越及西南夷皆平，置郡县
元鼎六年 西前 111 年	攻西羌	陇西、天水、安定骑士，中尉卒，河南、河内卒共十万人	李息（见上） 徐自为	平西羌
元鼎六年 西前 111 年	攻东越	楼船，步卒	韩说（韩王信后，武帝幸臣） 王温舒（阳陵人，少时为盗） 杨仆（见上）	东越降，迁其民江淮间，东越遂虚
元鼎六年 西前 111 年	攻匈奴	二万五千余骑	公孙贺（见上） 赵破奴（太原人，曾居胡中）	出塞二千余里，不见虏而还，遂分置西北四郡，徙民实边
元封元年 西前 110 年	攻匈奴	十八万骑	御驾亲征	匈奴匿漠北，不敢战

（续表）

年	对　　象	兵	将	结　　果
元封二年 西前 109 年	攻朝鲜	募天下死罪	杨仆（见上） 荀彘（太原广武人）	朝鲜人斩其王降，以其地为郡县 杨仆失亡多，免为庶人 荀彘争功弃市
元封二年 西前 109 年	平西南夷未服者	巴蜀兵	郭昌（云中人） 卫广	平定其地，以为益州郡
元封六年 西前 105 年	益州昆明反，发兵征讨	赦京师亡命	郭昌（见上）	?
太初元年 西前 104 年	征大宛	发天下谪民恶少年十万左右，属国骑六千	李广利（倡家子）	斩大宛王首，得善马三千，丧师十之八九，至大宛只余三万人，还军时只万人
太初二年 西前 103 年	伐匈奴	二万骑	赵破奴（见上）	赵破奴被掳，全军覆没
天汉二年 西前 99 年	伐匈奴	三万骑，五千步卒	李广利（见上） 公孙敖（见上） 李陵（广孙，善骑射）	李广利斩首万级，汉兵死约二万 李陵只率步卒五千，杀匈奴万人，最后战败降匈奴，只四百人逃归汉
天汉四年 西前 97 年	伐匈奴	骑六万，步卒七万，皆天下流民及勇敢士	李广利（见上）	战皆不利而还

（续表）

年	对　　象	兵	将	结　　果
		骑一万，步卒三万	公孙敖（见上）	
		步卒三万	韩说（见上）	
		步卒一万	路博德（见上）	
征和三年 西前90年	伐匈奴	骑七万	李广利（见上）	李广利战败，降匈奴 商丘成无所见而还 马通多斩首
		三万	商丘成	
		骑四万	马通	

武帝在位五十四年间（西前140至前87年）前后共大小二十五次对外的战争，可由上表得一个大概的印象。有几点特别可以注意：

（一）匈奴是外患中最严重的；二十五次战争中有十五次是针对匈奴。

（二）关于兵的数目与种类，数目几乎都有记载，种类可惜多半只记“骑”，“楼船”等，对于兵的来源没有说明。元狩四年，卫青、霍去病大伐匈奴时，军队中有人民自告奋勇代军士运粮的人。这些人虽不见得都是无赖，但社会上的流浪分子一定占重要的地位。元鼎五年攻南越与西南夷时，除江淮以南的楼船外，又发罪囚与夜郎兵。这是武帝第一次大规模用囚犯与外国兵的例。元封二年攻朝鲜所用的都是天下死罪的人。元封六年伐昆明，所用的是长安的亡命。太初元年伐大宛，所用的是天下的谪民与恶少年及属国骑。天汉四年大伐匈奴，所用的军队一部分是谪徒与自告奋勇的勇敢士。总之，二十五次战争中最少有六次是一部或全部用的囚徒、流民、恶少年、乐从的流浪人或外族人。此外有三次清清楚楚的讲明所用的是正常的军队:建元三年救东瓯,发会稽兵,意思大概是指会稽的楼船;元鼎六年攻西羌,用的是陇西、天水、安定的骑士,河南、河内的步卒,与京师中尉所领的步卒;元封二年平西南夷,用的是巴蜀地方的军队。其余十六次军役所用的到底是什么兵我们无从知道。假定都是中央或地方的正式军队,二十五次中有六次(百分之二十四)用的是非常的军队,仍是一件深可玩味的事。尤其像伐大宛用兵数十万,除少数的属国骑外,都是谪民与恶少年,可见中央与地方的正式军队不足用或不可用到如何的程度。兵制破裂的情形,没有比这个再清楚的了。

(三)将军的出身高低不齐。有的是良家子或古代名将的后裔,有少数甚至是文人出身,但也有来历极不高明的,如倡家子、私生子、强盗之类。又有的是胡越投降的小头目。天下一统之后,人才的需要较列国并立时并不减少。有才就可擢用,尊崇无比的皇帝并不计较臣子的出身。并且因为尚武的风气日衰,将才很感缺乏,使皇帝要计较出身也办不到。

(四)战争的结果大半靠将才。卫青与霍去病二人从未打过败仗,每次都是大胜。李广利个人虽武艺高强,将才甚为平庸,所以总是打败,或需重大的代价才能求得小小的胜利,如伐大宛的一次。这也是兵制破裂的间接证据。当时的边族无论人力、财力都远在中国之下。文帝时,中国投降匈奴的中行说劝诫单于说:

> 匈奴人众不能当汉之一郡。然所以强者,以衣食异,无仰于汉也。今单于变俗,好汉物,汉物不过什二,则匈奴尽归于

汉矣！[1]

这种小小的胡人，在战国分立时赵或燕能毫无困难的单独应付。战国时中国内部互相攻伐，战败的将很多，像赵括一类的笨将也不少。但汉时成为大患的匈奴对燕赵并不是严重的问题。当然到汉时匈奴方才组成一个坚固的帝国，战国时匈奴内部仍然分裂。但匈奴分裂时中国也分裂，中国与匈奴的统一也同时实现。所以匈奴统一虽或是中国感到威胁的一个原因，但决不是最重要的原因。惟一可能的结论，就是战国时代的兵可用，汉时的兵不可用，只有遇到才将率领时才能打胜仗。这是军队由流浪分子组成的当然结果。

汉武帝时代武功的伟大是显然的，是人人能看到的。但若把内幕揭穿，我们就知道这个伟大时代是建筑在极不健全的基础之上。

（七）武帝以后——光武中兴

武帝后兵制的发展，一日千里的顺序退步。例如，屯兵的制度仍旧，并且范围日广。宣帝时（西前 73 至前 49 年）为防止西羌内侵，用赵充国的计策，大量地在西北屯田。[2] 然而边疆的屯兵第一代或者还是兵，第二代以下就有变成边地农民的危险，对当兵并无

① 《史记》卷一一〇《匈奴传》。
② 《汉书》卷六十九《赵充国传》。

特别的热心。宣帝五凤三年(西前55年)匈奴因内部分裂而投降之后[①],边疆的大患消灭,所谓屯田更是有名无实。宣帝以下又屡次在西域屯兵。[②] 匈奴投降之后,本就不强的西域更不敢轻于为乱,所以中国略为屯兵就可维持西域的秩序,并非所屯的兵真正强盛。

武帝以后外族在中国军队中的地位日愈提高。昭帝时(西前86至74年)开始用羌人。据《后汉书》,景帝时已有羌人投降中国,迁人边地。[③] 但这个说法不知是否可靠,《史记》与《汉书》中都没有记载。昭帝时所用的羌人也不知道来源。昭帝始元元年(西前86年),益州反,中国用羌人助战平乱。[④] 推想起来,这大概是武帝威震西北以后投降中国的羌人。神爵元年(西前61年),西羌反,宣帝所发的兵各色都有——囚徒,羽林,材官,骑士,胡越骑,此外并有羌骑。次年平服羌人之后,降羌很多,于是就设置了金城属国。[⑤] 前此的降羌大概较少,此次有大批的人投降,才加置了一个羌族的属国。五凤三年呼韩邪单于率匈奴来降,又设置了西河、北地两属国,仍在河套与河套以南的地方。所以河套一带虽由秦汉两次征服并移民,但胡人的势力始终未曾完全消灭。

囚徒与恶少年的军队昭、宣二帝时也屡次征发,[⑥]并又时常临

① 《汉书》卷八《宣帝纪》,卷九十四下《匈奴传下》。

② 《汉书》卷九十六《西域传》。

③ 《后汉书》卷一一七《西羌传》。

④ 《汉书》卷七《昭帝纪》元凤四年诏:"度辽将军明友前以羌骑校尉将羌王侯君长以下,击益州反虏。"

⑤ 《汉书》卷八《宣帝纪》。

⑥ 《汉书》卷七《昭帝纪》元凤元年,五年,六年;卷八《宣帝纪》神爵元年。

时募兵。[1] 至于像武帝时调发正式军队的例子,现在极其少见。西南夷与两粤平定之后,楼船似乎无形间废弃不用。其余三种正式军队一共只发过两次,并且都在宣帝一朝。本始二年(西前72年)发关东的轻车与步卒去帮助乌孙攻打匈奴。神爵元年西羌反时,一方面发三河、颍川、沛郡、淮阳、汝南的材官,一方面又发金城、陇西、天水、安定、北地、上郡的骑士。[2] 这种情形证明地方的兵一天比一天的不可用,所以国家非万不得已时不去征发。愈不征发,兵愈不可用。在这种恶劣的循环关系之下,由战国时代遗留下来的征兵制的痕迹就无形间消灭净尽。

到王莽时所用的就只有募兵、囚犯与外族兵,旧日正式的军队已经绝迹。例如,始建国二年(西元10年)伐匈奴,“募天下囚徒丁男甲卒三十万人”,又发高句丽的兵,但高句丽不肯奉诏。[3] 此时适逢天灾流行,各地盗贼蜂起,最著名的是临淮的瓜田仪、琅邪女匪吕母与樊崇所率领由琅邪起事的赤眉贼,都于天凤四五年间(西元17至18年)发动。王莽在这种情形下,于天凤六年仍要大伐匈奴,所用的仍是“天下丁男及死罪囚吏民奴”。这种军队王莽大概也觉得不足用,于是“又博募有奇技术可以攻匈奴者,将待以不次之位。言便宜者以万数:或言能度水不用舟楫,连马接骑济百万师;或言不持斗粮,服食药物,三军不饥;或言能飞,一日千里,可窥匈奴。莽辄试之,取大鸟翮为两翼,头与身皆著毛,通引环纽,飞数百步,

---

① 《汉书》卷七《昭帝纪》始元元年,卷八《宣帝纪》神爵元年,卷十二《平帝纪》元始二年,卷七十九《冯奉世传》元帝永元二年“发募士万人”击羌。

② 《汉书》卷八《宣帝纪》。

③ 《汉书》卷九十九中《王莽传中》。

堕！莽知其不可用，苟欲获其名，皆拜为理军，赐以车马，待发”。[1]

想用法术一类的把戏去打仗，这是一个兵力堕落不堪的社会才会发生的事。一个真正尚武的民族绝不屑于享受这些幼稚的幻想。后来闹到三辅之地也“盗贼麻起”，遣兵捕剿，“军师放纵，百姓重困”。[2] 现在已到了兵匪不分的时代，这是军民分立最后的当然结果。兵的行动与匪无异，无告的人民不得已也多起来为匪。[3] 一个社会发展到这个阶段之后，兵事可说是到了不可救药的地步，任何理论上可通的方法都不能根本改善这种病态。

我们明白这种情形，对光武帝废除郡国兵的政策就不致认为难解。建武七年(西元31年)诏：

> 今国有众军，并多精勇。宜且罢轻车骑士材官楼船士及军假吏，令还复民伍。[4]

地方兵现在已全不可用。太平时代，一般所谓好人都不肯当兵；天下一旦混乱，少数流氓与多数饥民就成为土匪，只能扰乱社会秩序，并不能卫国卫民。这些土匪往往打着军队的旗号，但旗号是不能掩盖实际的。只有善将兵的人经过相当时期的训练，才能造出一支真会打仗的军队。诏书中所谓“国有众军，并多精勇”，并

---

① 《汉书》卷九十九下《王莽传下》。

② 同上。

③ 王莽时起事的人都是流民土匪出身。除赤眉等以外，如刘玄等人也都不过是土匪头目。见《后汉书》卷四十一《刘玄、刘盆子传》，卷四十三《隗嚣公孙述传》。此外甚至有人利用西北属国的羌胡起兵。见《后汉书》卷四十二《卢芳传》。

④ 《后汉书》卷一下《光武帝纪下》。

非一句空话。光武起事时所领的虽也不过是些流氓与饥民，但经过十年左右的汗马生活，光武帝已锻炼出一个很大并且可用的军队。地方军反成了赘疣，在很多地方恐怕实际早已不存在，光武的诏书不过是承认一件既成的事实。隗嚣与公孙述是光武的两个大敌，在建武七年仍未平服，地方军若有丝毫的用处，光武也决不会在此时一纸公文把它废掉。

（八）东汉

所以东汉只有中央军，没有地方军。中央军除宫廷的卫士外，北军的名称仍然存在，称北军五营或五校就是屯骑、越骑、步兵、长水、射声。每营有校尉一人，五军由北军中侯总领，就是武帝时的中垒校尉。武帝时七校的兵现在并为五校，胡骑并于长水，虎贲并于射声。[①] 北军五营中最少有两营完全是外族人，其他三营中是否有四夷的人加入已不可考。据《后汉书》注引《汉官》，五营每营七百人，只有长水营多三十六人，为七百三十六人。所以胡越兵在北军中占五分之二以上的地位。北军平时宿卫京师，四方有事也往往被发。

第二种中央直辖的军队就是驻守要地的营伍：

> 光武中兴，以幽、冀、并州兵骑克定天下，故于黎阳立营，以谒者监之。……扶风都尉部在雍县，以凉州近羌，数犯三

① 《后汉书》卷三十七《百官志四》。

辅，将兵卫护园陵，故俗称雍营。[①]

黎阳就是今日河南浚县，在洛阳东北，所驻的大概就是光武所谓“国有众军，并多精勇”的兵，恐怕是东汉初年中央军的主体。雍营护卫长安与西汉诸帝的园陵，兵数大概也不少。可惜两营到底有多少兵，史籍没有记载。

中央第三种军队就是屯兵。缘边各郡都有屯田，明、章两代（西元58至88年）发囚徒到边疆屯田的事前后共有八次。[②] 可见从前的屯兵都已变成边地的土著农民，已不堪当兵，只得再发囚徒去充实国防。明帝向王莽时丧失的西域方面活动，也恢复了屯田的事业。[③] 同时又在金城一带屯兵，防备西羌。[④]

东汉也有属国兵，可算中央的第四种军队。东汉官制，有使匈奴中郎将一人，主护南单于；护乌桓校尉一人，主乌桓胡；护羌校尉一人，主西羌。[⑤] 这三个都是专管边境属国的人。匈奴在王莽时反叛，大半又都逃出塞外，东汉初年屡次寇边。建武二十四年（西元48年）匈奴内部分裂为南北，南单于自称呼韩邪，又来投降，中国又把河套以及整个并州的地方交给降胡。南单于本人居西河，韩氏骨都侯屯北地，右贤王屯朔方，当于骨都侯屯五原，呼衍骨都侯屯

① 《后汉书》卷五十三《窦宪传》注引《汉官仪》。

② 《后汉书》卷二《明帝纪》永平元年，八年，九年，十六年，十七年；卷三《章帝纪》建初七年，元和元年，章和元年。

③ 《后汉书》卷一一八《西域传》。

④ 《后汉书》卷一一七《西羌传》。

⑤ 《后汉书》卷三十八《百官志五》。护乌桓校尉与护羌校尉西汉时已经设立，但西汉时羌兵与乌桓兵还不是中国不可少的兵力。

云中，郎氏骨都侯屯定襄，左南将军屯雁门，栗籍骨都侯屯代郡。①

乌桓本是东北塞外（今热河南部）的东胡种，西汉时弱小，投降中国，代中国守边。王莽乱时与东汉初年屡次寇边。南匈奴投降的次年，建武二十五年（西元 49 年），乌桓见强大的匈奴投降，自己于是也要求入居中国，光武也就容许他们迁居幽州塞内，为中国的属国。② 北军五营中长水一营的胡骑多半是乌桓人。③

西羌本是小族，在西汉时就在凉州边境与汉人杂居，时常反叛，中国总是用屯田的方法防御他们。建武九年（西元 33 年）光武设立护羌校尉，有事时可领降羌替中国打仗。④ 所以并州由匈奴代守，幽州由乌桓代守，凉州由西羌代守。此外又有些囚徒屯田各地，与外族人共同守边。整个的北边，由辽东到敦煌，都不用内地士大夫良家子与一般顺民去费力保护，中兴盛世的安逸人民大概认为这是又便宜又舒服的事！

总之，东汉只有中央直辖的军队，并且外族在这个军队中占很重要的地位。不过废地方兵并不是简单的事。最低的限度，地方的治安是须有人维持的。所以各郡的太守一定要召募些保安的地方兵。关于这件事，在中兴时代我们没有直接的证据。但东汉末年各地州牧太守纷纷割据，一定原来有兵。然而这都是地方官的私军，不受中央的调动。所以严格讲来，仍可说东汉只有中央军，没有地方兵。

由东汉向外用兵的情形就可知道当时兵的性质。明帝永平十

① 《后汉书》卷一一九《南匈奴传》。
② 《后汉书》卷一二〇《乌桓传》。
③ 《后汉书》卷三十七《百官志四》注。
④ 《后汉书》卷一一七《西羌传》。

六年(西元73年)窦固伐北匈奴,这是东汉第一次并且是中兴盛世的向外大发动,所用的兵很可玩味:

固与忠(耿忠)率酒泉、敦煌、张掖甲卒及卢水羌胡万二千骑,出酒泉塞;耿秉、秦彭率武威、陇西、天水募士及羌胡万骑,出居延塞;又太仆祭肜、度辽将军吴棠将河东、北地、西河羌胡及南单于兵万一千骑,出高阙塞;骑都尉来苗、护乌桓校尉文穆将太原、雁门、代郡、上谷、渔阳、右北平、定襄郡兵及乌桓、鲜卑万一千骑,出平城塞。①

这四支军队中都有外族兵,祭肜、吴棠的一支完全是胡兵。后来窦固的从孙窦宪于和帝永元元年(西元89年)又大伐匈奴:

会南单于请兵北伐,乃拜宪车骑将军,金印紫绶,官属依司空,以执金吾耿秉为副,发北军五校、黎阳、雍营、缘边十二郡骑士,及羌胡兵出塞。明年,宪与秉各将四千骑及南匈奴左谷蠡王师子万骑,出朔方鸡鹿塞;南单于屯屠河,将万余骑,出满夷谷;度辽将军邓鸿及缘边义从羌胡八千骑,与左贤王安国万骑,出椆阳塞。皆会涿邪山。宪分遣副校尉阎盘、司马耿夔、耿谭将左谷蠡王师子、右呼衍王须訾等精骑万余,与北单于战于稽落山,大破之。虏众崩溃,单于遁走。追击诸部,遂临私渠比鞮海,斩名王已下万三千级,获生口马牛羊橐驼百余万头。于是温犊须、日逐、温吾、夫渠王柳鞮等八十一部率众降

① 《后汉书》卷五十三《窦固传》。

者前后二十余万人。宪、秉遂登燕然山，去塞三千余里，刻石勒功，纪汉威德。①

这是东汉规模最大、影响最深的一次外征，解决了三百年来的匈奴问题，最少当时的人相信这个问题已经解决。但所用的兵大半是外族人，而实际战败北单于的完全是南匈奴的兵。我们对东汉能驾御外族、以夷制夷的政策能收大功，不能不表示钦佩。但军队不是汉人的军队却也是不可掩蔽的严重事实。

除此次大败北匈奴外，东汉惟一的对外武功就是班超的平定西域。但班超当初所用的只有三十六个人，后来政府发给他的也不过一千多囚徒与义勇兵。班超所以制服西域，一方面靠他个人特殊的将才与超人的勇敢，一方面还是靠以夷制夷政策的大规模利用，西域各国的军队互相攻击。②

这种专靠外族的办法极其危险。一旦外族不肯受利用，或转过来向我反攻，自己就要束手无策。这件事后来的确实现，并且就在窦宪大破北匈奴后还不到二十年。东汉初期，西羌屡屡扰边。塞外的羌人想要向内地劫掠，塞内投降的羌人又常受地方官与边民的侵害，因而怨恨反叛。建武九年班彪上书：

今凉州部皆有降羌。羌胡被发左衽，而与汉人杂处；习俗既异，言语不通。数为小吏黠人所见侵夺，穷恚无聊，故致反

① 《后汉书》卷五十三《窦宪传》。

② 《后汉书》卷七十七《班超传》。

叛。夫蛮夷寇乱皆为此也。①

西羌、匈奴虽然强悍，但对中国国家与中国文化似乎十分景仰，对中国一般人民也无恶感。只要中国肯收容，他们就乐意移居塞内，为中国守边。由窦宪的攻破北匈奴可见他们也很诚恳的为中国卖力。但中兴以后政治日坏，地方官与豪右对这些异族的人不免侵夺、压迫，勉强他们服役。地方无知的人民恐怕也常推波助澜，因而时常引起叛变。待叛乱一起，地方官与边民又惶恐无措，敏捷的逃入内地，迟钝的束手待毙。最大最长的一次羌乱于安帝永初元年开始，直到灵帝建宁二年才算平服，前后乱了六十多年的功夫（西元107至169年）。羌乱的导火线很为简单。汉要发羌征西域，羌人不愿远屯，遂发兵反，出塞与塞外羌人联合，大乱于是开始。羌人在内地居住已久，多无兵器，只持用竹竿木枝为戈矛，用板案为盾，甚至手持铜镜为兵器。这种易与的叛羌就足以把边官与边民的胆惊破，都不敢动。顺民已训顺到如何的程度，可想而知！中央派兵去剿，总是打败的时候多。边官多为内地人，不愿出死力守凉州，就上书勉强边民内徙逃难。领兵的人"多断盗牢廪，私自润入，皆以珍宝货赂左右。上下放纵，不恤军事，士卒不得其死者，白骨相望于野"。羌人夺取了官军的兵器之后，势力更为浩大。这种种不堪设想的情形王符描写的最为活现。王符是西北安定临泾（今甘肃镇原县）人，恐怕他自己的亲友戚族就有受祸的人：

往者羌虏背叛，始自凉、并，延及司隶，东祸赵、魏，西钞蜀

① 《后汉书》卷一一七《西羌传》。

汉。五州残破，六郡削迹，周回千里，野无孑遗；寇钞祸害，昼夜不止，百姓灭没，日月焦尽。而内郡之士不被殃者咸云："当且放纵，以待天时！"用意若此，岂人心也哉？前羌始反，公卿师尹咸欲捐弃凉州，却保三辅，朝廷不听。后羌遂侵，而论者多恨不从惑议。余窃笑之，所谓媾亦悔不媾亦有悔者尔，未始识变之理。地无边，无边亡国。是故失凉州则三辅为边，三辅内入则弘农为边，弘农内入则洛阳为边。推此以相况，虽尽东海犹有边也！……

前日诸郡皆据列城而拥大众……然皆不肯专心坚守，而反强驱其民捐弃仓库，背城邑走。由此观之，非苦城乏粮也，但苦将不食尔！……

谚曰："痛不著身，言忍之；钱不出家，言与之！"假使公卿子弟有被羌祸朝夕切急如边民者，则竞言当诛羌矣！今苟以己无惨怛冤痛，故端坐相仍；又不明修御之备，陶陶闲澹，卧委天听，羌独往来，深入多杀。已乃陆陆，相将诣阙，谐辞礼谢退云状。会坐朝堂，则无忧国哀民恳恻之诚，苟转相顾望，莫肯违止。日宴时移，议无所定。已且须后，后得小安，则恬然弃忘。旬时之间，虏复为害，军书交驰，羽檄狎至，乃复怔忪如前。若此以来，出入九载。……一人吁嗟，王道为亏，况百万之众号哭泣感天心乎？①

民众已不是战国时代人人能战的民众，士大夫更不是春秋时

① 王符：《潜夫论》卷五《救边篇》第二十二，同卷《劝将篇》第二十一、《边议篇》第二十三、《实边篇》第二十四也都论述羌祸与边事。

代出将入相的士大夫。军事情形的不堪可谓达到极点。羌乱方平，灵帝中平元年(西元184年)黄巾贼的乱事又起。这时虽是方经长期的羌乱，国家仍是忙得手足无措，军事毫无把握。“诏公卿出马弩，举列将子孙及吏民有明战阵之略者，诣公车。”[①]同时又“诏敕州郡修理攻守，简练器械”[②]。国家发了五校与三河的骑士(大概就是黎阳营)与召募的义勇兵，靠皇甫嵩与朱儁的将才算是把乌合的黄巾贼捕灭。但两人(最少朱儁)似乎有“家兵”杂在国家的军队之内。各地的刺史、太守都有私军，朱儁曾作过交趾刺史，这些“家兵”就是作刺史时所召的私军。国家现在只有羌、胡兵与地方官的“家兵”可用，天下的大势显然已不可收拾。

黄巾贼的次年，中平二年(西元185年)，汉阳贼边章、韩遂与羌胡联合东侵三辅。皇甫嵩奉命讨贼，就请求发乌桓兵三千人。北军中侯邹靖认为乌桓太弱，应当往塞外去召募鲜卑。下公卿大臣讨论此事，两方面都有赞成与反对的人。反对用鲜卑的理由，就是从前征匈奴与西羌曾用过鲜卑，结果并不美满：

> 斩获丑虏既不足语，而鲜卑越溢，多为不法。裁以军令则忿戾作乱，制御小缓则陆掠残害。劫居人，抄商旅，啖人牛羊，略人兵马。得赏既多不肯去，复欲以物买铁。边将不听，便取缣帛聚欲烧之；边将恐怖，畏其反叛，辞谢抚顺，无敢拒违。

① 《后汉书》卷八《灵帝纪》。
② 《后汉书》卷一〇一《皇甫嵩传》。

乌桓、鲜卑都不愿用,最后听了应劭的话,决定用陇西“守善不叛”的羌胡![1] 一统天下的公卿大臣公开承认用外兵要忍受外兵的跋扈,但说来说去总是逃不出召募外兵,对于召用汉人始终无人提起一字。连方才平定黄巾、威震天下的皇甫嵩也是一样。可见本国兵只能对付国内乌合的土匪,一牵涉到外族就非用其他的外族不可!

汉人现在并不是完全不会用兵器。但只有保护自己的家乡才肯出力,并且还必须有领袖指导。若无勇敢的领袖,即或家乡被扰,大家也都是驯羊。例如,应劭不敢提议用汉人到边疆打仗,但他于献帝初平二年(西元191年)守太山,复起的黄巾贼入郡界,“劭纠率文武,连与贼战,前后斩首数千级,获生口老弱万余人,辎重二千两。贼皆退却,郡内以安”。[2] 至于远离乡土去冒险,除非是荒年被迫为盗,没有人甘心去作。

列国并立时,每国都是一个有机体的坚强体系,天下一统之后临时尚可勉强维持,但不久就成了一盘散沙,永未变成一个大的有机体。这样的民族是任何内部野心家或外来野心族的战利品,决难自立自主,自己的命运总不操在自己手里。董卓之乱将这种情形暴露无遗(西元189至192年)。董卓虽是汉人,手下所率领的兵最少一部分是羌胡:

> 是时洛中贵戚室第相望,金帛财产家家殷积。卓纵放兵士突其庐舍,淫略妇女,剽虏资物,谓之搜牢。人情崩恐,不保

① 《后汉书》卷七十八《应劭传》。

② 同上。

朝夕。及何后葬，开文陵，卓悉取藏中珍物。又奸乱公主，妻略宫人。虐刑滥罚，睚眦必死，群僚内外莫能自固。卓尝遣军至阳城，时人会于社下，悉令就斩之，驾其车重，载其妇女，以头系车辕，歌呼而还。……

于是尽徙洛阳人数百万口于长安，步骑驱蹙，更相蹈藉，饥饿寇掠，积尸盈路。卓自屯留毕圭苑中，悉烧宫庙官府居家，二百里内无复孑遗。又使吕布发诸帝陵及公卿已下冢墓，收其珍宝。①

迁都长安之后，长安又遭李傕、郭汜之乱，受祸不亚于洛阳。车驾于是又迁回东都：

自此长安城中尽空，并皆四散，二三年间关中无复行人。建安元年车驾至洛阳，宫闱荡涤，百官披荆棘而居焉。州郡各拥强兵，而委输不至。尚书郎官自出采耜，或不能自反，死于墟巷。②

董卓以后各地的太守、刺史都扩大私军，割据自雄。实际上五胡乱华的局面已经成熟。中国社会已经崩溃，只有边地的属国还有组织，同时又勇敢善战。布满幽、并、凉三州的外族很可向南移动，占据中国。恰巧当时中国出来几个特殊的人才，把这种厄运又暂缓了一百年的功夫。所谓三国时代，由这个观点来看，可说是曹操、司马懿几个善练兵善将兵又有政治谋略的人重新组织散漫的中国以便抵抗外族的时代。曹操曾大破乌桓，并分散并州匈奴的

① 《后汉书》卷一〇二《董卓传》。

② 《晋书》卷二十六《食货志》。

势力,[1]可见他明了这个问题的严重性。但外族的势力根深蒂固,无从斩除;中国内部的病势过于沉重,难以根治。几个特殊人才死后不久,中原终于成了汉代那些属国的属国。

(九) 后言——汉末至最近

汉代的问题实际是中国的永久问题,东汉以下兵的问题总未解决。只有隋及盛唐承袭北朝外族的制度,百余年间曾实行半征兵的府兵制,这也是汉以后中国自治的惟一盛强时代。二千年来的情形,骨子里都与东汉一样。东晋以下中原陷于外族将近三百年。隋唐的盛期过去之后,由天宝到五代的二百年间是外族第二次扰乱中国的时代。中国常雇用外兵,外族也常擅自行动。宋虽名为统一,中国本部东北的燕云与西北的河西总未收复,每年与契丹、西夏纳贡,才得苟安。宋的军队中也有番兵,不过地位不像汉唐时那样重要。后来终于不能自保,中原又丧于女真,最后整个的中国亡于蒙古。明代算是把中国本部完全统一,但只有太祖、成祖的极短期间有应付外敌的能力。此后二百余年间几乎时时刻刻在勉强支持着应付外侮的进袭。受日本的一度威胁之后,不久就亡于满洲。道光以下满汉并衰,中国又感到有被西洋吞并的危险。自己的力量不足,清末以下就又借外力,不过方式随着时代略有变化。现在借的不是外兵,而是外国的军器军火与军事顾问。正如历代靠番兵不足抵抗外番,西洋的军器军火与军事顾问也不足以

① 《三国志·魏志》卷三〇《乌丸传》;《晋书》卷九十七《北狄传》。

抵抗西洋或彻底西洋化的国家。二千年来中国总是一部或全部受外族统治，或苟且自主而须忍受深厚的外侮；完全自立又能抵抗外族甚至能克服外族乃是极少见的例外。这种长期积弱局面的原因或者很复杂，但最少由外表看来，东汉以下永未解决的兵的问题是主要的原因。[①] 人类历史上的政治集团，无论大小，不为刀俎，必为鱼肉；若要两种都不作，是办不到的事。东汉以下的中国不能作刀俎，当然也不愿作鱼肉；但实际大半的时候总是任人宰割。

① 并且大家一向都安于这种堕落的局面，并不觉得这是一个需要解决的问题。只有王安石曾认清这个问题，并提出适当的解决方法。在他《上仁宗皇帝言事书》（俗称《万言书》）中，他认为只有叫良民当兵，尤其是一般所谓士大夫都人人知兵，人人当兵，才能使中国自立自主。只就这一点来看，王安石已是二千年间特出的奇才。可惜王安石一类的积极人才在传统的中国决无成功的机会。一般的说来，文武兼备的人有比较坦白光明的人格，兼文武的社会也是坦白光明的社会。这是武德的特征。中国二千年来社会上下各方面的卑鄙黑暗恐怕都是畸形发展的文德的产物。偏重文德使人文弱，文弱的个人与文弱的社会难以有坦白光明的风度，只知使用心计；虚伪、欺诈、不彻底的空气支配一切，使一切都无办法。中国兵制的破裂与整个文化的不健全其实是同一件事。在这种病态的社会，王安石一流的人物生前必定失败，死后必留骂名。

二、中国的家族

(一) 春秋以上
(二) 战国
(三) 秦汉以下
(四) 结论

中国的大家族制度曾经过一个极盛、转衰与复兴的变化;这个变化与整个政治社会的发展又有密切的关系。春秋以上是大家族最盛的时期,战国时代渐渐衰微。汉代把已衰的古制又重新恢复,此后一直维持了二千年。

关于春秋以上的家族制度,前人考定甚详,[①]本文不再多论,只略述几句作为全文的背景而已。战国以下的发展,一向少人注意,是本文所特别要提出讨论的。

---

① 关于宗法制度,《礼记》多有记载,《大传》一篇最详。万斯大的《宗法论》八篇解释最好。大家族的实际情形,散见于《左传》、《国语》。顾栋高的《春秋大事表》研究最精。近人孙曜的《春秋时代之世族》总论宗法与家族,可供参考。

（一）春秋以上

春秋时代大家族制度仍然盛行，由《左传》、《国语》中看得很清楚。并且大家族有固定的组织法则，称为宗法。士族有功受封或得官后，即自立一家，称“别子”。他的嫡长子为“大宗”，称“宗子”；历代相传，嫡长一系皆为大宗，皆称宗子。宗子的兄弟为“支子”，各成一“小宗”。小宗例须听命于大宗。只大宗承继土田或爵位；族人无能为生时，可靠大宗养赡。但除大宗“百世不迁”外，其他一切小宗都是五世而迁，不复有服丧与祭祀的责任。“迁”就是迁庙。

宗法的大家族是维持封建制度下贵族阶级地位的一种方法。封建破裂，此制当然也就难以独存。所以一到战国，各国贵族推翻，宗法也就随着消灭，连大家族也根本动摇了。贵族消灭的情形，因春秋、战国之际的一百年间史料缺乏，不能详考。但大概的趋向却很清楚。各国经过一番变动之后，无论换一个或几个新的朝代（如齐、晋），或旧朝代仍继续维持，旧日与君主并立的世卿以及一般士族的特权已都被推翻。各国都成了统一专制的国家。春秋时代仍然残余的一点封建制度，至此全部消灭了。

至于平民的情形，可惜无从考知。但以历史上一般的趋势而论，平民总是千方百计设法追随贵族的。所以春秋以上的平民，虽不见得行复杂的宗法制，但也必在较大的家族团体中生活。

春秋以上的大族不只是社会的细胞与经济的集团，并且也是政治的机体。各国虽都具有统一国家的形态，但每一个大族可说是国家内的小国家。晋、齐两国的世卿最后得以篡位,根本原因就在此点。

经过春秋末、战国初的变革之后,家族只是社会的细胞与经济的集团,政治机体的地位已完全丧失。至此专制君主所代表的国家可随意支配家族的命运了。

(二) 战国

据今日所知,战国时代最有系统的统制家族生活的就是秦国。商鞅变法:

> 令民为什伍,而相牧司连坐。不告奸者腰斩,告奸者与斩敌首同赏,匿奸者与降敌同罚。民有二男以上不分异者,倍其赋。有军功者各以率受上爵,为私斗者各以轻重被刑。①

商鞅的政策可分析为两点。第一,是废大家族。所以二男以上必须分异,否则每人都要加倍纳赋。第二,是公民训练。在大家族制度之下,家族观念太重,国家观念太轻,因为每族本身几乎都是一个小国家。现在集权一身的国君要使每人都直接与国家发生关系,所以就打破大家族,提倡小家庭生活,使全国每个壮丁都完全独立,不再有大家族把他与国家隔离。家族意识削弱,国家意识提高,征兵的制度才能实行,国家的组织才能强化。商鞅的目的十

① 《史记》卷六十八《商君列传》。

分明显。什伍连坐是个人向国家负责。告奸也是公民训练。禁止私斗,提倡公战,更是对国家有利的政策;家族间的械斗从此大概停止了。

商鞅的政策完全成功,

> 行之十年,秦民大说。道不拾遗,山无盗贼。家给人足。民勇于公战,怯于私斗。乡邑大治。①

汉初贾谊不很同情的描写,尤为活现:

> 商君违礼义,弃伦理,并心于进取。行之三岁,秦俗日败。秦人有子,家富子壮则出分,家贫子壮则出赘。假父耰锄杖彗耳,虑有德色矣。母取瓢碗箕帚,虑立讯语。抱哺其子,与公并踞。妇姑不相说,则反唇而睨。其慈子嗜利而轻简父母也,念罪,非有伦理也。其不同禽兽仅焉耳!②

贾谊所讲的是否有过度处,很难断定,但大概的情形恐怕可靠。旧日父母子女间的关系以及舅姑与子妇的关系完全打破,连父母子女之间互相借贷都成问题,颇有今日西洋的风气!

可惜关于家族制度的改革,我们只对秦国有这一点片面的知

---

① 《史记》卷六十八《商君列传》。

② 贾谊:《新书》卷三《时变篇》。《汉书》卷四十八《贾谊传》中所引与此大同小异。

识，其他各国的情形皆不可考。但商鞅变法，以李悝的《法经》为根据。[①] 李悝前曾相魏文侯，变魏国法，魏因而成为战国初期最强的国家。秦在七国中似乎变法最晚，并非战国时惟一变法的国家。这个重要的关键，历来都被人忽略。楚悼王用吴起变法，也在商鞅之前。吴起原与李悝同事魏文侯，对魏变法事或者亦有贡献。后往楚，相楚悼王，

> 明法审令，捐不急之官，废公族疏远者，以抚养战斗之士。[②]

此处所言不详，所谓"明法审令"所包必广，恐怕也与后来商鞅在秦所行的大致相同。此外申不害相韩，与商鞅同时，"内修政教，外应诸侯"，大概也是在变法。[③]

关于秦、魏、楚、韩四国的变法，我们能得到这一点眉目，已算侥幸；其他各国的情形，连一个字也未传到后代。但泛观人类历史，同一文化区域之内，一切的变化都是先后同时发生的。所以我们可以假定战国七雄都曾经过一番彻底的变法。商鞅变法是秦国富强的必需条件，但不是惟一条件，秦并六国更不完全由于变法，因为变法在当时是普遍的现象。地广人稀、沃野千里的蜀地的富源，恐怕是秦在列国角逐中最后占优势的主要原因。

各国变法之后，家族制度没落，可由种种方面看出。丧服制与

---

① 《晋书》卷三〇《刑法志》："是时承用秦汉旧律。其文起自魏文侯师李悝。悝撰次诸国法，著《法经》……商鞅受之以相秦。"

② 《史记》卷六十五《吴起列传》。

③ 《史记》卷六十三《申不害传》。

子孙繁衍的观念可说是旧日家族制度的两个台柱。清楚严明的丧服制是维持一个人口众多的家族的方法;子孙繁衍是使大家族继续存在的方法。但到战国大家族破裂之后,这两根台柱也就随着倒塌了。

三年丧是丧制的中心。三年丧的破裂象征整个丧制的动摇。三年丧似乎破坏的很早,春秋末期恐怕已经不能完全实行。孔子的极力提倡,正足证明它的不为一般人所注意;连孔门弟子宰我都对三年丧表示怀疑,认为服丧一年已足。[①] 这恐怕是当时很普遍的意见。后来孟子劝滕文公服三年丧,滕的父兄百官无不反对:"吾宗国鲁先君莫之行,吾先君亦莫之行也;至于子之身而反之不可!"[②]所谓"先君"到底"先"到什么程度很难强解。最少可说战国初期鲁、滕两个姬姓国家已都无形间废除三年丧。实际恐怕春秋末期政治社会大乱开始的时候,这个古制必已渐渐不能成立。

墨子倡三月丧必很合乎当时的口味。[③] 在当时提倡并且实行三年丧的只有一般泥古的儒家。但一种制度已经不合时代的潮流,勉强实行必不自然,虚伪的成分必甚浓厚。墨者骂儒家"繁饰礼以淫人,久丧伪哀以谩亲"[④],或有党派之嫌,但与实情相离恐不甚远。许多陋儒的伪善,连儒家内部比较诚恳高明的人也看不过,也情不自已地骂两句。荀子所指摘的种种"贱儒"必包括一些伪善

---

① 《论语·阳货篇》。
② 《孟子·滕文公上》。
③ 《墨子》卷十二《公孟篇》第四十八。
④ 《墨子》卷九《非儒篇下》第三十九。

与伪丧的人。①《礼记》各篇中所讲的漫无涯际的丧礼，到底有多少是古代的实情，多少是儒家坐在斗室中的幻想，我们已无从分辨。若说春秋以上的人作戏的本领如此高强，很难令人置信！

与三年丧有连带关系的就是孝道。孔子虽然重孝，但把孝创为一种宗教却是战国儒家，尤其是曾子一派所作的。《孝经》就是此种环境下所产的作品。

与三年丧同时没落的，还有多子多孙的观念与欲望。大家族制度之下，子孙众多当然是必需的。西周、春秋时代的铭刻中，充分地表现了这种心理：

> 其永宝！
>
> 子孙其永宝！
>
> 其万年宝用！
>
> 其万年子子孙孙永宝用！

以上一类的句法，几乎是每件铜器上必有的文字。后来虽或不免因习惯而变成具文，但在当初却是整个社会制度的一种表现。孟子"不孝有三，无后为大"②的说法，不只是战国时代儒家的理想，也确是春秋以上的普遍信仰。

但一旦大家族破裂，子孙繁衍的观念必趋微弱。一人没有子孙，整个家族的生命就有受威胁的可能。但公民观念代替了家族

① 《荀子》卷三《非十二子篇》第六。但荀子并不反对三年丧，见卷十三《礼论篇》第十九。

② 《孟子·离娄篇上》。

观念之后,一般人认为一人无子,国家不见得就没有人民。并且在大家族的集团生活之下,家口众多还不感觉不便。小家庭中,儿女太多,的确累赘。人类的私心,总不能免。与个人太不便利时,团体的利益往往就被牺牲。所以战国时代各国都有人口过少的恐慌,也多设法增加自己国内的人口。最早的例子就是春秋、战国之交的越国。勾践要雪国耻,极力鼓励国内人口的繁殖:

(1) 令壮者无取老妇,令老者无取壮妻。

(2) 女子十七不嫁,其父母有罪;丈夫二十不娶,其父母有罪。

(3) 将免(娩)者以告,公医守之。

(4) 生丈夫二壶酒一犬,生女子二壶酒一豚。

(5) 生三人公与之母,生二人公与之饩。[①]

我们读此之后,几乎疑惑墨索里尼是勾践的私淑弟子;两人的政策相同处太明显了!

关于越国,我们或者还可说它是新兴的国家,地广人稀,所以才采用这种方法。但北方的古国,后来也同样作法,就很难如此解释了。魏居中原之中,也患人少。梁惠王向孟子诉苦:

> 寡人之于国也,尽心焉耳矣。河内凶,则移其民于河东,移其粟于河内。河东凶亦然。察邻国之政无如寡人之用心者,邻国之民不加少,寡人之民不加多,何也?[②]

① 《国语》卷二〇《越语上》。

② 《孟子·梁惠王上》。

梁惠王以后，秦国也患人少，有人提倡招徕三晋的人民。① 越、魏、秦三国也决非例外，其他各国也必感到同样的困难。战争过烈，杀人太多，或可解释人口稀少的一部分；但此外恐怕还有其他的因素。小家庭制度盛行多子观念薄弱之后，杀婴的风气必所难免。关于战国时代，虽无直接的证据；但到汉代，杀婴的事却曾惹人注意。

并且再进一步，今日西洋各国所时尚的节制生育方法并非新事，战国时代的中国已有此风。中国古代称它为房中术，又称玄素术，阴阳术，容成术，或彭祖术。按《汉书》，古代此种的书籍甚多，②正如今日西洋性学专书与节制生育小册的流行一样。战国、西汉间，最重要的有八种：

(1)《容成阴道》，二十六卷；

(2)《务成子阴道》，三十六卷；

(3)《尧舜阴道》，二十三卷；

(4)《汤盘庚阴道》，二十卷；

(5)《天老杂子阴道》，二十五卷；

(6)《天一阴道》，二十四卷；

(7)《黄帝三王养阳方》，二十卷；

(8)《三家内房有子方》，十七卷。

---

① 《商君书》卷四《徕民篇》。此篇所言并非商君时事，篇中谓："今三晋不胜秦四世矣。自魏襄王以来，野战不胜，守城不拔；小大之战，三晋之所以亡于秦者不可胜数也。"魏襄王还是惠王的儿子，此篇所言当为孟子与梁惠王后百年的情形。《墨子》书中也屡次提倡人口增加，但这是根据墨子的经济生产学说与整个兼爱主义的，与实际人口多少问题似无直接的关系。所以本文对《墨子》所言，闭而不论。

② 《汉书》卷三〇《艺文志》。

这些书可惜已全部失传无从详考其内容。单看书名,前七种似乎专讲方法。最后一种仍承认“有子”是必需的,但内中必有条件,正如今日西洋节制生育家所提倡的儿女少而优秀的说法。我们从葛洪较晚的传说中,还可看出房中术的大概性质:

或曰:闻房中之事,能尽其道者,可单行致神仙,并可以移灾解罪,转祸为福,居官高迁,商贾倍利。信乎?

抱朴子曰:此皆巫书妖妄过差之言,由于好事增加润色,至令失实。或亦奸伪造作虚妄,以欺诳世人;藏隐端绪,以求奉事;招集弟子,以规世利耳。夫阴阳之术,高可以治小疾,次可以免虚耗而已。其理自有极,安能致神仙及却祸致福乎?人不可以阴阳不交,坐致疾患。若乃纵情恣欲,不能节宣,则伐年命。善其术者,则能却走马以补脑,还阴丹以朱肠;采玉液于金池,引三五于华梁。令人老有美色,终其所禀之天年。而俗人闻黄帝以千二百女升天,便谓黄帝单以此事致长生;而不知黄帝于荆山之下,鼎湖之上,飞九丹成,乃乘龙登天也。黄帝自可有千二百女耳,而非单行之所由也。凡服药千种,三牲之养,而不知房中之术,亦无所益也。是以古人恐人轻恣情性,故美为之说,亦不可尽信也。玄素谕之水火,水火煞人而又生人,在于能用与不能耳。大都其要法,御女多多益善;如不知其道而用之,一两人足以速死尔。彭祖之法,最其要者;其他经多烦劳难行,而其为益不必如其书,人少有能为之者。口诀亦有数千言耳,不知之者,虽服百药,犹不能得长生也。[1]

葛洪又谓："房中之术，近有百余事焉。"又谓："房中之法，十余家。"可见到晋时比战国、秦、汉间已又增加了几种作品；方法也相当的复杂，可以有百余事。又谓："或以补救伤损，或以攻治众病，或以采阴益阳，或以增年延寿；其大要在于还精补脑之一事耳。"[2]

上面仅存于今日的几段记载，废话太多，中肯的话太少。但我们可看出当时对此有种种自圆其说的理论，用以遮掩那个完全根据于个人幸福的出发点。"却走马以补脑"或"还精补脑"的一句话，暗示今日节制生育中所有的一种方法，在古代的中国这大概是最流行的方法。

并且一种潮流，往往不只有一种表现的途径。战国时代家族破裂，国家不似家族那样亲切，号召人心的力量也不似家族那样强大。于是个人主义横流，种种不健全的现象都自由发展。道家的独善其身与杨家的任性纵欲是有理论为借口的个人主义。房中术是没有理论的，最少可说是理论很薄弱的个人主义。与房中术性质相类的还有行气、导引、芝菌、按摩等等。[3] 行气又称吐纳，就是今日所谓深呼吸，在当时又称胎息术；"得胎息者，能不以鼻口嘘

① 《抱朴子内篇》卷六《微旨篇》。

② 《抱朴子内篇》卷八《释滞篇》。近人叶德辉《双梅景暗丛书》中辑有《素女经》、《素女方》、《玉房秘诀》三种，是南北朝、隋、唐间的作品。其中性学的成分较多，但仍保有战国、秦、汉间的节育学说，可供参考。

③ 《汉书》卷三〇《艺文志》，神仙家。参考《抱朴子内篇》卷六《微旨篇》。

吸,如在胞胎之中。”①

导引又称步引,就是今日的柔软体操与开步走之类。本是活动身体的方法,后来渐渐附会为“步罡踏斗”的神秘把戏。

芝菌近乎今日的素食主义(vegetarianism)与斋疗术(fasting cure),认为少吃、不吃或专吃几种特别食品可以延年益寿。芝菌术又称辟谷术,因为最彻底的实行者不只忌肉食,并且又辟五谷,而专吃野生的芝菌。这种本就荒唐的办法,后来又演化为炼长生丹与药饵的说法。据说战国韩的遗臣而后来成为汉初三杰之一的张良,在晚年曾经学习辟谷,②可见其流行的程度了。

按摩术,名与事今日都很流行。这种种个人享乐与养生的方法,当初或者都各自独立发展。但后来合流为神仙术,象征个人主义的极顶表现。养生术未可厚非,但太注意身体的健全,本身就是一个不健全的现象,对整个的社会是有妨害的。求长生不老,根本是变态心理的表现。今日西洋少数人要以羊腺或猴腺恢复青春的妄想,若不及早预防,将来也有演成神仙术的可能。战国时代的人口稀少,与个人养生享乐的潮流必有关系,可惜因史料缺乏,不能断定关系密切到如何的程度。但自私心过度发展,必至连子女之爱也要牺牲。房中术的主旨是既得性欲之乐,又免儿女之苦,对人口稀少要负一部分的责任,是没有问题的。

---

① 《抱朴子内篇》卷八《释滞篇》。

② 《史记》卷五十五《留侯世家》。但这与黄石公的故事很可能都是张良见功臣不得善终,故意使人散布的谣言,以示自己无心于俗世,借以免祸。但以此为借口,更足见其流行。

(三) 秦汉以下

秦汉大帝国初立,战国时代一般的潮流仍旧。秦皇、汉武既为天子,又望长生,人人皆知的两个极端例证可以不论。人口稀少仍是国家的一个严重问题。房中之风仍然流行。王莽相信黄帝御一百二十女而致神仙,于是遣人分行天下,博采淑女。一直到天下大乱,新朝将亡时,王莽仍"日与方士琢郡、昭君等于后宫考验方术,纵淫乐焉"。①

东汉时此风仍然盛行,王充谓"素女对黄帝陈五女之法,非徒伤父母之身,乃又贼男女之性"。② 可见这在当时仍是很平常的事,所以王充特别提出攻击。东汉末有妄人冷寿光,自谓因行容成公御妇人法,年已百五六十,面貌仍如三四十。③

此外,汉时有的地方盛行杀婴的风气。东汉末,贾彪为新息(今河南息县)县长,

> 小民困贫,多不养子。彪严为其制,与杀人同罪。城南有盗劫害人者,北有妇人杀子者。彪出案发,而掾吏欲引南。彪怒曰:"贼寇害人,此则常理。母子相残,逆天违道!"遂驱车北行,案验其罪。城南贼闻之,亦面缚自首。数年间人养子者千

---

① 《汉书》卷九十九下《王莽传下》地皇二年,四年。

② 王充《论衡》卷二《命义篇》。

③ 《后汉书》卷一一二下《华陀传》附《冷寿光传》。

数。佥曰:"贾父所长。"生男名为贾子,生女名为贾女。[①]

区区一县之地,数年间可杀而未杀的婴儿居然能有千数,可见杀婴不完全是由于困乏。此风停止后,也没有听说生活更加困难;贫困最多也不过是杀婴的一种借口。这种风气恐怕来源甚早,也不见得限于新息一地;前此与别处无人注意就是了。房中术盛行时,不明其法的人就难免要采用野蛮的杀婴方法。

汉代的政府也如战国时代列国的设法提倡人口增加。高帝七年,"命民产子,复勿事二岁"。[②] 这或者还可以大乱之后人口稀少来解释。但由后来的情形,可看出这并不是惟一的原因。西汉最盛的宣帝之世,仍以人口增加的多少为地方官考课的重要标准,当时人口缺乏的正常现象可想而知了。黄霸为颍川太守,"以外宽内明,得吏民心,户口岁增,治为天下第一"。西汉末年,人口称为最盛[③];然而召信臣为南阳太守,"其化大行……百姓归之,户口增倍"。[④] 所谓"百姓归之"就是邻郡的人民慕化来归的意思。人口增加要靠外来的移民,生殖可谓困难到惊人的程度!

两汉四百年间,人口的总额始终未超过六千万。汉承战国的法治之余,户口的统计当大致可靠。并且当时有口赋、算赋、更赋的担负,男女老幼大多都逃不了三种赋役中的最少一种,人口统计当无大误。珠江流域虽尚未开发,长江流域虽尚未发展到后日的

---

① 《后汉书》卷九十七《贾彪传》。春秋以上,生子可弃,但与此性质不同。参考《诗·大雅·生民篇》后稷被弃故事及《左传》宣公四年越椒几乎被弃的故事。

② 《汉书》卷一下《高帝纪下》。

③ 《汉书》卷二十八下《地理志下》。

④ 黄霸召信臣事俱见《汉书》卷八十九《循吏列传》。

程度，但只北方数省的人口在今日已远超过六千万。汉代人口的稀少，大概是无可置疑的。并且西汉人口最盛时将近六千万，东汉最盛时反只将近五千万，减少了一千万。[①] 可见当时虽每经过一次变乱之后，人口减而复增；但四百年间人口的总趋势是下减的。

此点认清之后，东汉诸帝极力奖励生育的政策就可明白了。章帝元和二年，降下有名的"胎养令"，分为两条：

(1) 产子者，复勿算三岁；

(2) 怀孕者，赐胎养谷，人三斛；复其夫勿算一岁。[②]

由此看来，生育的前后共免四年的算赋，外给胎养粮。算赋不分男女，成年人都须缴纳，每年一百二十钱，是汉代最重的一种税赋，"产子者，复勿算三岁"，未分男女，大概是夫妇皆免。怀孕者，夫免算一岁；妇既有养粮，免算是不言而喻的了。两人前后免算八次，共九百六十钱。汉代谷贱时，每石只五钱，饥荒时亦不过数百钱，平时大概数十钱。[③] 所以这个"胎养令"并不是一件小可的事情，所免的是很可观的一笔税款。这当然是仁政，但只把它看为单纯消极的仁政，未免太肤浅。这件仁政有它积极的意义，就是鼓励生育。并且这个办法是"著以为令"的，那就是说，此后永为常法。但人口的增加仍是有限，总的趋势仍是下减。如此大的奖励还是不能使人口增加，可见社会颓风的积重难返了。

此外，汉代诸帝又不断地设法恢复前此几近消灭的大家族制度。这个政策可从两方面来解释。第一，战国的紧张局面已成过

① 《汉书》卷二十八下《地理志下》；《后汉书》卷三十三《郡国志五》。

② 《后汉书》卷三《章帝纪》。

③ 《汉书》卷二十四《食货志》。

去，现在天下一家，皇帝只求社会的安定。小家庭制度下，个人比较流动，社会因而不安。大家族可使多数的人都安于其位；所以非恢复大家族，社会不能安宁。[①] 但汉帝要恢复大家族，恐怕还有一个原因，就是希望人口增加。小家庭制与人口减少几乎可说有互相因果的关系。大家族与多子多孙的理想若能复兴，人口的恐慌就可免除了。汉代用政治的势力与权利的诱惑提倡三年丧与孝道，目的不外上列两点。战国时代被许多人讥笑的儒家至此就又得势了。

汉初承战国旧制，仍行短丧。文帝遗诏，令臣民服丧以三十六日为限。[②] 臣民亦多短丧。一直到西汉末成帝时，翟方进为相，后母终，既葬三十六日除服。[③] 但儒家极力为三年丧宣传，武帝立儒教后，宣传的势力更大。公孙弘为后母服丧三年，可说是一种以身作则的宣传。[④] 到西汉末，经过百年间的提倡，三年丧的制度又重建起来了。成帝时薛宣为相，后母死，其弟薛修服三年丧，宣谓"三年服，少能行之者"，不肯去官持服，后竟因此遭人攻击。[⑤] 哀帝时，刘茂为母行三年丧。[⑥] 成哀间，河间王良丧太后三年，哀帝大事褒扬。[⑦] 哀帝时，游侠原涉为父丧三年，衣冠之士无不羡叹。[⑧] 哀帝即

① 汉代重农抑商，原因亦在此。商业是流动的，使社会不安。农业是固定的，农业的社会大致都安静无事。见《汉书》卷二十四《食货志》。

② 《史记》卷一〇《文帝本纪》，《汉书》卷四《文帝纪》同。

③ 《汉书》卷八十四《翟方进传》。

④ 《汉书》卷五十八《公孙弘传》。

⑤ 《汉书》卷八十三《薛宣传》。

⑥ 《汉书》卷八十一《独行列传》。

⑦ 《汉书》卷五十三《河间献王传》。

⑧ 《汉书》卷九十二《游侠列传》。

位，诏博士弟子父母死，给假三年。[①] 到东汉时，三年丧更为普遍，例多不举。光武帝虽又废三年丧，但那是大乱后的临时措置，不久就又恢复。[②] 后虽兴废无定，但三年丧已根深蒂固，已成为多数人所承认的制度。[③]

孝道的提倡与三年丧的宣传同时并进。汉帝谥法，皆称“孝”。《孝经》一书特别被推崇。选举中又有孝廉与至孝之科。对人民中的“孝弟力田”者并有赏赐。据荀爽说，

> 汉为火德。火生于木，木盛于火，故其德为孝。……故汉制使天下诵《孝经》，选吏举孝廉。[④]

汉谥法用“孝”的来源不详。荀爽火德为孝的解释不妥，因为以汉为火德是王莽时后起的说法，汉原来自认为水德或土德，[⑤]而西汉第二代的惠帝已称“孝惠”。谥法用“孝”，解释为国家提倡孝道，最为简单通顺；无需绕大圈子去找理由。

明帝时，期门羽林介胄之士都通《孝经》[⑥]，可见此书到东汉时已成了人人皆读的通俗经典了。关于孝廉与孝弟力田的事，例证极多，无需列举。

孝的宗教，到东汉时可说已经成立。东汉初，江革母老，不欲

---

① 《汉书》卷十一《哀帝纪》。

② 《后汉书》卷六十九《刘恺传》，卷七十六《陈忠传》。

③ 《后汉书》卷七《桓帝纪》，卷九十二《荀爽传》。

④ 《后汉书》卷九十二《荀爽传》。

⑤ 《汉书》卷二十五《郊祀志》，卷九十八《元后传》，卷九十九《王莽传》。

⑥ 《后汉书》卷六十二《樊准传》。

摇动，革亲自在辕中为母挽车，不用牛马。乡里称他为“江巨孝”。[①] 中叶顺帝时，东海孝王臻与弟蒸乡侯俭并有笃行，母死皆吐血毁瘠。后追念父死时，年尚幼，哀礼有阙，遂又重行丧制！[②] 至此孝已不只是善之一种，而成了万善之本。章帝称赞江革的话可说是此后二千年间唯孝主义的中心信条：

> 夫孝，百行之冠，众善之始也。[③]

这种三年丧与孝教的成功，表示大家族制度已又渐渐恢复。人口虽仍不见加多，但并未过度地减少，所以帝国仍能维持，不致像西方同时的罗马帝国因患贫血症而堪堪待死，等到日耳曼的狂风暴雨一来，就立刻气绝。中国虽也有五胡入侵，但最后能把他们消化，再创造新的文化局面，这最少一部分要归功于汉代大家族制度的重建政策。

（四）结论

到东汉时大家族重建的运动已经成功，魏、晋清谈之士的谩侮礼教，正足证明旧的礼教已又复活。五胡的打击也不能把旧礼教与大家族冲破。永嘉乱后，中原人士南迁，家人父子往往离散。子

① 《后汉书》卷六十九《江革传》。
② 《后汉书》卷七十二《东海恭王强传》。
③ 《后汉书》卷六十九《江革传》。

过江而不知父母存没的甚多,守丧的问题因而大起。未得正确的消息之先,为人子的可否结婚或作官,更是切肤的问题。“服丧则凶事未据,从吉则疑于不存。”真是进退两难。大家议论纷纷,莫衷一是,可见孝道与丧制的基础是如何的稳固了。① 房中术与杀婴风气虽未见得完全绝迹,但已不是严重的问题。此后历代的问题不是人口稀少,而是食口太多,生活无着。“胎养令”一类的办法无人再提起;因为不只无此需要,并且事实上也不可能了。

东汉以下二千年间,大家族是社会国家的基础。② 大家族是社会的一个牢固的安定势力。不只五胡之乱不能把它打破;此后经过无数的大小变乱,社会仍不瓦解,就是因为有这个家族制度。每个家族,自己就是一个小国家。每个分子,甚至全体分子,可以遇害或流散死亡;但小国家制度本身不是任何暴力或意外的打击所能摇撼的。

但反过来讲,汉以下的中国不能算为一个完备的国家。大家族与国家似乎是根本不能并立的。封建时代,宗法的家族太盛,国家因而非常散漫。春秋时代宗法渐衰列国才开始具备统一国家的雏形。战国时代大家族没落,所以七雄才组成了真正统一的完备国家。汉代大家族衰而复盛,帝国因而又不成一个国家。二千年来的中国只能说是一个庞大的社会,一个具有松散政治形态的大文化区,与战国七雄或近代西洋列强的性质绝不相同。

近百年来,中国受了强烈的西洋文化的冲击,汉以下重建的家族制度以及文化的各方面才开始撼动。时至今日,看来大家族的

---

① 《晋书》卷二〇《礼志中》。

② 但严格讲来,不能称为宗法社会,因为春秋以上的宗法制度始终没有恢复。

悲运恐怕已无从避免。实行小家庭制，虽不见得国家组织就一定可以健强，但古今似乎没有大家族制下而国家的基础可以巩固的。汉以下始终未曾实现的真正统一的建国运动，百年来，尤其是民国以来，也在种种的困苦艰难中进行。一个整个的文化区，组成一个强固的国家，是古今未曾见过的事。中国今日正在努力于这种人类前此所未有的事业；若能成功：那就真成了人类史上的奇迹。

家族制度，或大或小，是人类生活的必需条件。所以未来的中国到底采用如何形态的大家族或小家族制度，颇堪玩味。大小两制，各有利弊。两者我们都曾实行过，两者的苦头也都尝过。我们在新的建国运动中，是否能尽量接受历史上的教训，去弊趋利；这种万全的路径，是否可能；大小两制是否可以调和——这些问题都是我们今日的人所极愿追究的，但恐怕只有未来的人才能解答！

三、中国的元首

中国历史上四千年间国君的称号甚为简单。当初称王,王下有诸侯。其后诸侯完全独立,各自称王。最后其中一王盛强,吞并列国,统一天下,改称皇帝,直至最近的过去并无变更。称号的演化虽甚简单,内涵的意义却极重要。专就皇帝成立的事实经过而论,可分下列诸步骤:

(一)列国称王

(二)合纵连横与东帝西帝

(三)帝秦议

(四)秦始皇帝

(五)汉之统一与皇帝之神化

(六)废庙议与皇帝制度之完全成立

(七)后言

参错在这个史实的演化中,还有各种相反与相成的帝王论。本篇专以事实为主,帝王论与当时或后世史实有关系者也附带论及。

(一) 列国称王

战国以前,列国除化外的吴、楚诸国外,最少在名义上都尊周室为共主。春秋时代周王虽早已失去实权,然而列国无论大小,对周室的天子地位没有否认的。春秋时代国际政治的中心问题是“争盟”或“争霸”,用近代语,就是争国际均势。国际均势是当时列强的最后目的,并非达到其他目的的一种手段。以周室为护符——挟天子以令诸侯——是达到这个目的最便利的方法。因为列强都想利用周室,所以它的地位反倒非常稳固,虽然它并无实力可言。

到春秋末期战国初期这种情形大变。各国经过政治的篡弑与我们今日可惜所知太少的社会激变,统治阶级已非旧日的世族,而是新起的智识分子。旧的世族有西周封建时代所遗留的传统势力与尊王心理,列国国君多少要受他们的牵制。所以春秋时代的列国与其说是由诸侯统治,无宁说是诸侯与世族合治。列国的诸侯甚至也可说是世族之一,不过是其中地位最高的而已。争盟就是这个封建残余的世族的政策。他们认为这个政策最足以维持他们的利益,因为列国并立势力均衡,世族在各本国中就可继续享受他们的特殊权利。任何一国或任何一国的世族并没有独吞天下的野心。

战国时代世族或被推倒,或势力削弱。这时统治者是一般无世族传统与世族心理的出身贵贱不齐的文人。国君当初曾利用这般人推翻世族的势力;现在这般人也成为国君最忠心的拥护者。

他们没有传统的势力与法定世袭的地位，他们的权势荣位来自国君，国君也可随时夺回。到这时，列国可说是真正统一的国家了，全国的权柄都归一人一家，一般臣下都要仰给于君上，不像春秋时代世族的足以左右国家以至天下的政策与大局。国君在血统上虽仍是古代的贵族，但在性质上他现在已不代表任何阶级的势力，而只知谋求他一人或一家的利益。所以战国时代二百五十年间国际均势虽然仍是一个主要的问题，但现在它只是一种工具，不是最后的目的。最后的目的是统一天下。列强都想独吞中国，同时又都不想为他人所吞。在这种矛盾的局面下，临时只得仍然维持均势；自己虽然不能独吞，最少可防止其他一国过强而有独吞的能力。但一旦有机可乘，任何一国必想推翻均势局面，而谋独强以至独吞。战国时代的大战都是这种防止一国独强或一国图谋推翻均势所引起的战争。列国称王也是这种心理的最好象征。列国称王可说有两种意义。第一是各国向周室完全宣布独立；第二是各国都暗示想吞并天下，因为“王”是自古所公认为天子的称号。

最早称王的是齐、魏两国。但这种革命的举动也不是骤然间发生的；发生时的经过曲折颇多。战国初年三晋独立仍须周室承认（西前 403 年）。田齐篡位也须由周天子取得宪法上的地位（西前 386 年）。可见历史的本质虽已改变，传统的心理不是一时可以消灭的。后来秦国于商鞅变法之后，势力大盛，屡次打败战国初期最强的魏国。这时秦国仍要用春秋时代旧的方法以巩固自己的地位，所以就极力与周天子拉拢，而受封为伯（西前 343 年），与从前的齐桓、晋文一样。次年（西前 342 年）秦又召列国于逢泽（今河南开封东南），朝天子。这是一种不合时代性的举动，在当时人眼光中未免有点滑稽。虽然如此，别国必须想一个抵抗的方法，使秦国以周为护符的政策失去效用。于是失败的魏国就联络东方大国的齐国,两国会于徐州,互相承认为王(西前334年)。这样一来,秦国永不能再假周室为号召,周室的一点残余地位也就完全消灭了。秦为与齐魏对抗起见,也只得称王(西前325年)。其他各国二年后(西前323年)也都称王。只有赵国唱高调称“君”;现成的“公侯”不用而称“君”,也正足证明周室的封号无人承认,一切称号都由自定。但赵国终逆不过时代潮流,最后也称王(西前315年)。[①]至此恐怕各国方才觉悟,时代已经变换,旧的把戏不能再玩,新的把戏非常严重痛苦——就最是列国间的拼命死战。这种激烈战争,除各国的奖励战杀与秦国的以首级定爵外,由国界的变化最可看出。春秋时代各国的疆界极其模糊。当时所谓“国”就是首都。两国交界的地方只有大概的划分,并无清楚的界限。到战国时各国在疆界上都修长城,重兵驻守,可见当时国际空气的严重。在人类史上可与二十世纪欧洲各国疆界上铜墙铁壁的炮垒相比的,恐怕只有战国时代这些长城。[②]

(二)合纵连横与东帝西帝

列国称王以后百年间,直至秦并六国,是普通所谓合纵连横的时期。连横是秦国的统一政策,合纵是齐、楚的统一政策。其他四

① 《史记》卷五《秦本纪》,卷四十三《赵世家》,卷四十四《魏世家》,卷四十六《田敬仲完世家》。

② 顾炎武:《日知录》卷三十一《长城》。

国比较弱小，不敢想去把别人统一，只望自己不被人吞并就够了。所以这一百年间可说是秦、齐、楚三强争天下的时期。这时不只政治家的政策是以统一为目标，一般思想家也无不以统一为理想。由现存的先秦诸子中，任择一种，我们都可发见许多"王天下""五帝三王云云"花样繁多而目的一致的帝王论或统一论。所以统一可说是当时上下一致的目标，人心一致的要求。这些帝王论中，除各提倡自己一派的理想，当初有否为某一国宣传的成分，我们现在已不容易考知。其中一种有丰富的宣传色彩，似乎大致可信——就是邹衍（西前350至前250年间）一派的五德终始说。对后代皇帝制度成立，也属这派的影响最深。可惜邹衍的著作全失，后代凌乱的材料中，只有《史记·封禅书》中所记录的可以给我们一个比较完备的概念：

> 自齐威宣之时，邹衍之徒论著终始五德之运。及秦帝，而齐人奏之。故始皇采用之。

所以这当初是齐国人的说法，秦始皇统一后才采用。五德的说法据《封禅书》是：

> 秦始皇既并天下而帝，或曰：黄帝得土德，黄龙地螾见；夏得木德，青龙止于郊，草木畅茂；殷得金德，银自山溢；周得火德，有赤乌之符。今秦变周，水德之时。昔秦文公出猎，获黑龙；此其水德之瑞。

这是一个极端的历史定命论，也可见当时一般的心理认为天下统一是不成问题的，并且据邹衍一派的说法，统一必由按理当兴的水德。

这个说法本来是为齐国宣传的。邹衍是齐国人，受齐王优遇，有意无意中替齐国宣传也无足怪。宣传的证据是与五德终始说有连带关系的封禅说。所谓封禅是历代受命帝王于受命后在泰山上祭祀天地的一种隆重典礼。在先秦时代，列国分立，各地有各地的圣山，并无天下公认的惟一圣山。由《周礼·夏官·职方氏》可知，泰山不过是齐、鲁（兖州）的圣山，并非天下的圣山；其他各州各有自己的圣山。只因儒家发生、盛行于齐、鲁及东方诸小国，儒书中常提泰山，又因封禅说的高抬泰山，所以后代才认泰山为惟一圣山。邹衍一派当初说帝王都须到泰山封禅，是一种前所未有的新闻。这等于说，齐国是天命攸归的帝王，不久必要统一天下。假设封禅的说法若为楚人所倡，必定要高抬衡山；若为秦人所创，必说非封禅华山不可。现在的《管子·封禅篇》与《史记·封禅书》都讲到齐桓公要封禅而未得。这恐怕是同样的邹衍一派的宣传，暗示春秋时代的齐国几乎王天下，战国时代的新齐国必可达到目的。

空宣传无益。当时齐国的确有可能统一天下的实力。邹衍或其他一派的人创造这个学说，一定是认清这个实力所致，并非一味地吹嘘。齐国是东方的大国，到宣王时（西前319至前301年）尤强，乘燕王哙让位子之大演尧舜禅让的悲喜剧的机会，攻破燕国（西前314年），占领三年。后来（西前312年）虽然退出，齐国的国威由此大振。同时（西前312至前311年）楚国上了张仪的当，冒然攻秦，为秦所破，将国防要地的汉中割与秦国。所以至此可说秦、齐二国东西并立，并无第三国可与抗衡。至于两国竞争，最后胜利谁属尚在不可知之数。在这种情形下，齐国人为齐国创造一种有利的宣传学说，是很自然的。于是产出这个以泰山为中心的封禅主义。

这个秦、齐并立的局面支持了约有二十五年。两国各对邻国侵略，但互相之间无可奈何。天下统一不只是政治家的政策，不只是思想家的理想，恐怕连一般人民也希望早日统一，以便脱离终年战争的苦痛。“王天下”的人为“帝”现在也已由理想的概念成为一般的流行语。当初的“王”现在已不响亮，作动词用（王天下）还可以，作名词用大家只认“帝”为统一的君主。秦、齐既两不相下，所以它们就先时发动，于西前288年两国约定平分天下，秦昭襄王称西帝，齐湣王称东帝，除楚国外，天下由二帝分治。根本讲来，这是一个矛盾的现象，因为“帝”的主要条件就是“王天下”，所以两帝并立是一个不通的名词，在当时的局势之下也是一个必难持久的办法。可惜关于这个重大的事件，我们所知甚少。据《战国策》①似乎是秦国提议。秦先称西帝，齐取观望的态度，后来也称帝。但因列国不服或其他原因，两国都把帝号取消，仍只称王。但后来齐湣王在国亡家破的时候（西元前284年）仍要邹、鲁以天子之礼相待，结果是遭两国的闭门羹，②可见取消帝号是一种缓和空气的作用，实际上齐国仍以帝自居。荆轲刺秦王的时候（西前227年）称秦王为“天子”③，可见秦也未曾把帝号完全取消。两国大概都是随机应变，取模棱两可的态度。

---

① 《战国策》卷十一齐四。
② 《战国策》卷二十赵三。
③ 《战国策》卷三十一燕三。

（三）帝秦议

齐国称帝不久就一败涂地。三晋本是秦的势力范围，齐湣王野心勃勃，要推翻秦的势力，以便独自为帝。齐攻三晋（西前286年）的结果是秦国合同三晋，并联络燕国，大举围齐。齐国大败，临时亡国。燕国现在报复三十年前的旧恨，把齐国几乎完全占领（西前284年）。楚国也趁火打劫，由南进攻。后来五国退兵，燕独不退。五六年间（西前284至前279年），除莒与即墨二城外，整个齐国都变成燕的属地。后来齐虽复国（西前279年），但自此之后元气大亏，丧失强国的地位，永远不能再与秦国对抗。后来秦并天下，齐是六国中惟一不抵抗而亡的。所以燕灭齐可说是决定秦并天下的最后因素。284年前一切皆在不可知之数，284年后秦灭六国只是一个时间的问题。

二十年后（西前258年）秦攻赵，围邯郸。赵求救于魏，魏援军畏秦，不敢进兵。邯郸一破，三晋必全为秦所吞并，因为现在中原只有赵还有点抗秦的能力。但其他各国连援兵都不敢派出，可见当时畏秦的心理已发展到何等的程度。这时遂有人提议放弃无谓的抵抗，正式向秦投降，由赵领衔，三晋自动尊秦为帝。此举如果成功，秦并六国的事业或可提早实现。所幸（或不幸）当时出来一个齐国人鲁仲连，帝秦议方才中止。[①] 大概此时齐国虽已衰弱，齐国志士尚未忘记秦齐并立的光荣时期。所以对强秦最愤恨的是齐

① 《战国策》卷二十赵三。

人，对帝秦议极力破坏的也是齐人。后来赵、魏居然联合败秦，拼死的血战又延长了四十年。

由于思想家的一致提倡统一，由于列强的极力蚕食邻国，由于当时人的帝秦议，我们都可看出天下统一是时代的必然趋势，没有人能想象另一种出路。最后于西前221年秦王政合并六国，创了前古未有的大一统局面。

（四）秦始皇帝

秦始皇对于他自己的新地位的见解很值得玩味。据《史记·秦始皇本纪》，221年令丞相御史议称号：

> 寡人以眇眇之身，兴兵诛暴乱。赖宗庙之灵，六王咸伏其辜，天下大定。今名号不更，无以称成功传后世。其议帝号！

“其议帝号”一句话很可注意。当时秦尚未正式称帝，然而正式的令文中居然有这种语气，有两种可能的解释。一是帝本是公认为“王天下者”的称号；现在秦并六国，当然是帝。第二种解释就是七十年前秦称西帝，始终未正式取消，所以“帝号”一词并无足怪。现在秦王为帝已由理想变成事实，只剩正式规定帝的称号。

始皇与臣下计议的结果，名号制度焕然一新。君称“皇帝”，自称“朕”，普遍地行郡县制与流官制，划一度量衡，书同文，车同轨，缴天下械，治驰道，徙富豪于咸阳。凡此种种，可归纳为两条原则。

一，天下现在已经统一，一切制度文物都归一律。二，政权完全统一，并且操于皇帝一人之手。从此以后，皇帝就是国家，国家就是皇帝。这种政治的独裁在战国时已很明显。只因那时列国并立，诸王不得不对文人政客有相当的敬礼与笼络。现在皇帝不只不再需要敬畏政客文人，并且极需避免他们的操纵捣乱。当初大家虽都“五帝三王”、“王天下”不离口，但他们并没有梦想到天下真正统一后的情势到底如何。现在他们的理想一旦实现，他们反倒大失所望，认为还是列国并立的局面对他们有利。同时六国的王孙遗臣也很自然地希望推翻秦帝，恢复旧日的地方自由。所以文人政客个人自由的欲望与六国遗人地方独立的欲望两相混合，可说是亡秦的主要势力。焚书坑儒就是秦始皇对付反动的文人政客的方法。张良与高渐离①可代表六国遗人力谋恢复的企图。在历史上，第一个统一的伟人或朝代似乎总是敌不过旧势力的反动，总是失败的。统一地中海世界的凯撒为旧党所刺杀，西方的天下又经过十几年的大乱才又统一。统一中国的秦朝也遭同样的命运。一度大乱之后，汉朝出现，天下才最后真正统一。

秦亡的代价非常重大。秦朝代表有传统政治经验与政治习惯的古国，方才一统的天下极需善政，正需要有政治经验习惯的统治者。并且秦国的政治在七国中最为优美，是战国时的人已经承认的②。反动的势力把秦推翻，结果而有布衣天子的汉室出现。汉高是大流氓，一般佐命的人多为无政治经验的流氓小吏出身。所以天下又经过六十年的混乱方才真正安定下去。到汉武

① 《史记》卷五十五《留侯世家》，卷八十六《刺客列传》。

② 《荀子》卷十一《强国篇》第十六。

帝时(西前140至前87年)政治才又略具规模,汉室的政治训练才算成熟。

(五) 汉之统一与皇帝之神化

汉室的成立是天下统一必然性的又一明证。楚汉竞争的时期形式上是又恢复了战国时代列国并立的局面;义帝只是昙花一现的傀儡。项羽灭后,在理论上除汉以外还有许多别的国,不过是汉的与国而已,并非都是属国。但列国居然与汉王上表劝进:

> 楚王韩信,韩王信,淮南王英布,梁王彭越,故衡山王吴芮,赵王张敖,燕王臧荼,昧死再拜言,大王陛下!先时秦为亡道,天下诛之。大王先得秦王,定关中,于天下功最多。存亡定危,救败继绝,以安万民,功盛德厚。又加惠于诸侯王有功者,使得立社稷。地分已定,而位号比拟,亡上下之分;大王功德之著于后世不宣。昧死再拜上皇帝尊号!①

细想起来,这个劝进表殊不可解。这是一群王自动公认另一王为帝,正与五十年前鲁仲连所反对的帝秦议性质相同。我们即或承认这是诸王受汉王暗示所上的表,事情仍属奇异。各人起兵时本是以恢复六国推翻秦帝为口号。现在秦帝已经推翻,六国也可说已经恢复,问题已经解决,天下从此可以太平无事;最少列国

① 《汉书》卷一下《高帝纪下》。

相互间可以再随意战争，自由捣乱，不受任何外力的拘束。谁料一帝方倒，他们就又另外自立一帝。即或有汉王的暗示，当时汉王绝无实力勉强诸王接受他的暗示。所以无论内幕如何，我们仍可说这个劝进表是出于自动的；最少不是与诸王的意见相反的。这最足以证明当时的人都感觉到一统是解决天下问题的惟一方法，除此之外，并无第二条出路。第二条路是死路，就是无止期的战乱。从此以后，中国的历史只有这两条路可走：可说不是民不聊生的战国，就是一人独裁的秦、汉。永远一治一乱循环不已。

汉室虽是平民出身，皇帝的尊严并不因之减少，反而日趋神秘。秦、汉都采用当初齐国人的宣传，行封禅，并按五德终始说自定受命之德。[①] 皇帝的地位日愈崇高，日愈神秘。到汉代，皇帝不只是政治的独裁元首，并且天下公然变成他个人的私产。未央宫造成之后（西前198年），

> 高祖大朝诸侯群臣，置酒未央前殿。高祖奉玉卮，起为太上皇寿曰："始大人常以臣无赖，不能治产业，不如仲力。今某之业，所就孰与仲多？"殿上群臣皆呼万岁，大笑为乐。[②]

由此可见皇帝视天下为私产，臣民亦承认天下为其私产而不以为怪，反呼万岁，大笑为乐。这与战国时代孟子所倡的民贵社稷次君轻的思想，及春秋时代以君为守社稷的人而非社稷的私有者的见解是两种完全不同的政治空气。

---

① 《史记》卷二十八《封禅书》。《汉书》卷二十五《郊祀志》。
② 《史记》卷八《高祖本纪》。

哀帝(西前6至前1年)宠董贤,酒醉后(西前1年),"从容视贤笑曰:'吾欲法尧禅舜何如?'"中常侍王闳反对:

> 天下乃高皇帝天下,非陛下之有也。陛下承宗庙,当传子孙于亡穷。统业至重,天子亡戏言!①

皇帝看天下为自己的私产,可私相授受。臣下认天下为皇室的家产,不可当作儿戏。两种观点虽不完全相同,性质却一样;没有人认为一般臣民或臣民中任何一部分对天下的命运有支配的权力。

天下为皇帝的私产,寄生于皇帝私产上的人民当然就都是他的奴婢臣妾。奴婢虽或有高低,但都是奴婢;由尊贵无比的皇帝看来,奴婢间的等级分别可说是不存在的。最贵的丞相与无立锥之地的小民在皇帝前是同样的卑微,并无高下之分。当时的人并非不知道这种新的现象。贾谊对此有极沉痛的陈述:

> 人主之尊譬如堂,群臣如陛,众庶如地。故陛九级上,廉远地,则堂高。陛无级,廉近地,则堂卑。高者难攀,卑者易陵,理势然也。故古者圣王制为等列,内有公卿大夫士,外有公侯伯子男,然后有官师小吏,延及庶人。等级分明,而天子加焉,故其尊不可及也。里谚曰:"欲投鼠而忌器。"此善谕也。鼠近于器,尚惮不投,恐伤其器,况于贵臣之近主乎?廉耻节礼以治君子,故有赐死而亡戮辱。是以黥劓之辠不及大夫,以

① 《汉书》卷十一《哀帝纪》,卷九十三《董贤传》。

其离主上不远也。礼不敢齿君之路马，蹴其刍者有罚。见君之几杖则起，豫君之乘车则下，入正门则趋。君之宠臣虽或有过，刑戮之辜不加其身者，尊君之故也。此所以为主上豫远不敬也，所以体貌大臣而厉其节也。今自王侯三公之贵，皆天子之所改容而礼之也，古天子之所谓伯父伯舅也。而今与众庶同黥劓髡刖笞骂弃市之法，然则堂不亡陛乎，被戮辱者不泰迫乎？廉耻不行，大臣无乃握重权大官而有徒隶亡耻之心乎？失望夷之事，二世见当以重法者，投鼠而不忌器之习也。臣闻之，履虽鲜不加于枕，冠虽敝不以苴履。夫尝已在贵宠之位，天子改容而体貌之矣，吏民尝俯伏以敬畏之矣；今而有过，帝令废之可也，退之可也，赐之死可也，灭之可也。若夫束缚之，系绁之，输之司寇，编之徒官，司寇小吏詈骂而榜笞之，殆非所以令众庶见也。夫卑贱者习知尊贵者之一旦吾亦乃可以加此也，非所以习天下也，非尊尊贵贵之化也。夫天子之所尝敬，众庶之所尝宠，死而死耳，贱人安宜得如此而顿辱之哉？①

当时因为丞相绛侯周勃被告谋反，收狱严治，最后证明为诬告，方才释出。这件事（西前176年）是贾谊发牢骚的引线。贾谊对于这种事实认的很清楚，但对它的意义并未明了。他所用的比喻也不妥当。皇帝的堂并不因没有陛级而降低，他的堂实在是一座万丈高台，臣民都俯伏在台下。皇帝的地位较前提高，臣民的地位较前降低，贾谊所说的古代与汉代的分别，实在就是阶级政治与个人政治的分别。先秦君主对于大臣的尊敬是因为大臣属于特殊

① 《汉书》卷四十八《贾谊传》。

的权利阶级。阶级有相当的势力，不是君主所能随意支配。到秦汉时代真正的特权阶级已完全消灭，人民虽富贵贫贱不同，但没有一个人是属于一个有法律或政治保障的固定权利阶级的。由此点看，战国时代可说是一个过渡时代。在性质上，战国时代已演化到君国独裁的个人政治的阶段。但一方面因为春秋时代的传统残余，一方面因为列国竞争下人才的居奇，所以君主对臣下仍有相当的敬意。但这种尊敬只能说是手段，并不是理所当然的事。秦汉统一，情势大变，君主无需再存客气，天下万民的生命财产在皇帝前都无保障。由人类开化以来，古有阶级分明的权利政治与全民平等的独裁政治。此外，除于理想家的想象中，人类并未发见第三种可能的政治。一切宪法的歧异与政体的花样不过都是门面与装饰品而已。换句话说，政治社会生活总逃不出多数（平民）为少数（特权阶级）所统治或全体人民为一人所统治的两种方式。至于孰好孰坏，只能让理想家去解决。

皇帝既然如此崇高，臣民既然如此卑微，两者几乎可说不属于同一物类。臣民若属人类，皇帝就必属神类。汉代的皇帝以至后妃都立庙祭祀。高帝时令诸侯王国京都皆立太上皇庙。① 高帝死后惠帝令郡国诸侯各立高祖庙，以岁时祠。② 惠帝尊高祖庙为太祖庙，景帝尊文帝庙为太宗庙，行所尝幸郡国各立太祖太宗庙。宣帝又尊武帝庙为世宗庙，行所巡狩皆立世宗庙。至西汉末年，祖宗庙在68郡国中共167所。长安自高祖至宣帝以及太上皇悼皇考（宣帝父）各自居陵立庙旁，与郡国庙合为176所。又园中各有寝便

① 《汉书》卷七十三《韦玄成传》。

② 《史记》卷八《高祖本纪》。

殿。日祭于寝，月祭于庙，时祭于便殿。寝，每日上食四次。庙，每年祭祀25次。便殿，每年祠四次。此外又有皇后太子庙30所。总计每岁的祭祀，上食24455份，用卫士45129人，祝宰乐人12147人。[①] 皇帝皇室的神化可谓达于极点！

不只已死的皇帝为神，皇帝生时已经成神，各自立庙，使人崇拜。文帝自立庙，称顾成庙。景帝自立庙，为德阳。武帝生庙为龙渊，昭帝生庙为徘徊，宣帝生庙为乐游，元帝生庙为长寿，成帝生庙为阳池。[②]

皇帝皇室的庙不只多，并且祭祀的礼节也非常繁重，连专司宗庙的官往往也弄不清，因而获罪。[③] 繁重的详情已不可考，但由上列的统记数目也可想见一个大概。这种神化政策，当时很遭反对。详情我们虽然不知，反对的人大概不是儒家根据古礼而反对，就是一般人不愿拿人当神看待而反对。所以"高后时患臣下妄，非议先帝宗庙寝园官，故定著令，敢有擅议者弃市"。[④] 这种严厉的禁令直到元帝毁庙时方才取消。

这种生时立庙、遍地立庙的现象，当然是一种政策，与宗教本身关系甚少。古代的政治社会完全崩溃，皇帝是新局面下惟一维系天下的势力。没有真正阶级分别的民众必定是一盘散沙，团结力日渐减少以至于消灭。命定论变成人心普遍的信仰，富贵贫贱

---

① 《汉书》卷七十三《韦玄成传》。
② 《汉书》卷四《文帝纪》四年注。
③ 《汉书》卷七十三《韦玄成传》。
④ 同上。

都听天命,算命看相升到哲学的地位。[①] 这样的民族是最自私自利、最不进取的。别人的痛苦与自己无关,团体的利害更无人顾及,一切都由命去摆布。像墨子那样极力非命的积极人生观已经消灭,现在只有消极怠惰的放任主义。汉代兵制之由半征兵制而募兵制,由募兵以至于无兵而专靠羌胡兵,[②]是人民日渐散漫,自私自利心发达,命定论胜利的铁证。现在只剩皇帝一人为民众间的惟一连锁,并且民众间是离心力日盛、向心力日衰的,所以连锁必须非常坚强才能胜任。以皇帝为神,甚至生时即为神,就是加强他的维系力的方法。天下如此之大,而皇帝只有一人,所以皇帝、皇室的庙布满各地是震慑人心的一个巧妙办法。经过西汉二百年的训练,一般人民对于皇帝的态度真与敬鬼神的心理相同。皇帝的崇拜根深蒂固,经过长期的锻炼,单一的连锁已成纯钢,内在的势力绝无把它折断的可能。若无外力的强烈压迫,这种皇帝政治是永久不变的。

不过这种制度不是皇帝一人所能建立,多数人民如果反对,他必难成功。但这些消极的人民即或不拥护,最少也都默认。五德终始说与封禅主义是一种历史定命论。到汉代这种信仰的势力愈大,大家也都感觉到别无办法,只有拥戴一个独裁的皇帝是无办法中的办法。他们可说都自愿地认皇帝为天命的统治者。后代真龙天子与《推背图》的信仰由汉代的谶纬都可看出。[③] 所以皇帝的制

① 王充:《论衡·逢遇篇》,《累害篇》,《命禄篇》,《偶会篇》,《治期篇》,《命义篇》,《骨相篇》,《初禀篇》。王符:《潜夫论·正列篇》,《相列篇》。荀悦:《申鉴·俗嫌篇》。

② 《汉书》卷一《高帝纪下》注,卷七《昭帝纪》注。《后汉书》卷一下《光武帝纪下》建武七年正文及注,卷五十三《窦宪传》。

③ 《汉书》卷九十九《王莽传》;《后汉书》卷一《光武帝纪》。

度可说是由皇帝的积极建设与人民的消极拥护所造成的。

（六）废庙议与皇帝制度之完全成立

到西汉末年，繁重不堪的立庙制度已无存在的必要，因为它的目的已经达到。况且儒家对于宗庙本有定制，虽有汉初的严厉禁令，儒家对这完全不合古礼的庙制终久必提出抗议。所以元帝时（西前48至前33年）贡禹就提议：

> 古者天子七庙。今孝惠孝景庙皆亲尽宜毁。及郡国庙不应古礼，宜正定。①

永光四年（西前40年）元帝下诏，先议罢郡国庙：

> 朕闻明王之御世也，遭时为法，因事制宜。往者天下初定，远方未宾，因尝所亲以立宗庙。盖建威销萌，一民之至权也。今赖天地之灵，宗庙之福，四方同轨，蛮貊贡职；久遵而不定，令疏远卑贱共承尊祀，殆非皇天祖宗之意。朕甚惧焉！传不云乎："吾不与祭，如不祭。"其与将军列侯中二千石诸大夫博士议郎议！②

---

① 《汉书》卷七十三《韦玄成传》。

② 同上。

由这道诏命我们可见当初的广建宗庙是一种提高巩固帝权的方策，并且这种方策到西元前 40 年左右大致已经成功，已没有继续维持的必要。诸臣计议，大多主张废除，遂罢郡国庙及皇后太子庙。同年又下诏议京师亲庙制。大臣议论纷纷，莫衷一是，此事遂暂停顿。此后二年间（西前 39 至前 38 年）经过往返论议，宗庙大事整理，一部分废罢，大致遵古代儒家所倡的宗庙昭穆制。①

毁庙之后，元帝又怕祖宗震怒，后来（西前 34 年）果然生病，“梦祖宗谴罢郡国庙”，并且皇弟楚孝王所梦相同。丞相匡衡虽向祖宗哀祷，并愿独负一切毁庙的责任，元帝仍是不见痊可。结果二年间（西前 34 至前 33 年）把所废的庙又大多恢复，只有郡国庙废罢仍旧。元帝一病不起（西前 33 年），所恢复的庙又毁。② 自此以后，或罢或复，至西汉末不定。③ 但郡国庙总未恢复。

光武中兴，因为中间经过王莽的新朝，一切汉制多无形消灭。东汉时代，除西京原有之高祖庙外，在东京另立高庙。此外别无他庙，西汉诸帝都合祭于高庙。光武崩后，明帝为在东京立庙，号为世祖庙。此后东汉诸帝未另立庙，只藏神主于世祖庙。所以东汉宗庙制可说较儒家所传的古礼尚为简单。④

这种简单的庙制，正如上面所说，证明当初的政策已经成功，皇帝的地位已无摇撼的危险。在一般人心理中，皇帝真与神明无异，所以繁复的祭祀反倒不再需要。因为皇帝的制度已经确定稳固，所以皇帝本人的智愚或皇朝地位的强弱反倒是无关紧要的事。

---

① 详情见《汉书》卷九《元帝纪》及《韦玄成传》。

② 同上。

③ 《汉书》卷二十五下《郊祀志下》。

④ 《后汉书》卷十九《祭祀志下》。

和帝(西元89至105年)并非英明的皇帝,当时外戚宦官已开始活跃,汉室以至中国的大崩溃也见萌芽,适逢外戚窦宪利用羌、胡兵击破北匈奴,为大将军,威震天下。当时一般官僚自尚书以下"议欲拜之,伏称万岁",只有尚书令韩棱正色反对:"夫上交不谄,下交不黩。礼无人臣称万岁之制!"议者皆惭而止。[①] 这虽是小掌故,最可指出皇帝的地位已经崇高到如何的程度。"万岁"或"万寿"本是古代任人可用的敬祝词,《诗经》中极为普通。汉代对于与皇帝有关的事物,虽有种种的专名,[②]一如秦始皇所定的"朕"之类,但从未定"万岁"为对皇帝的专用颂词。所以韩棱所谓"礼无人臣称万岁之制"实在没有根据,然而"议者皆惭而止",可见当时一般的心理以为凡是过于崇高的名词只能适用于皇帝,他人不得僭妄擅用。礼制有否明文并无关系。

(七) 后言

此后二千年间皇帝个人或各朝的命运与盛衰虽各不同,然而皇帝的制度始终未变。汉末、魏晋南北朝时代皇帝实权削弱,隋唐复盛,宋以下皇帝的地位更为尊崇。到明代以下人民与皇帝真可说是两种物类了,不只皇帝自己是神,通俗小说中甚至认为皇帝有封奇人或妖物为神的能力。这虽是平民的迷信,却是由秦汉所建立的神化皇帝制度产生出来的,并非偶然。这也或者是人民散漫

① 《后汉书》卷七十五《韩棱传》。

② 蔡邕:《独断》。

的程度逐代加深的证据。不过这些都是程度深浅的身外问题，皇帝制度本身到西汉末年可说已经完全成立，制度的本质与特性永未变更。

这个制度，正如我们上面所说，根深蒂固，由内在的力量方面讲，可说是永久不变的，只有非常强烈的外来压力才能将它摇撼。二千年间，变动虽多，皇帝的制度始终稳固如山。但近百年来的西洋政治经济文化的势力与前不同，是足以使中国传统文化根本动摇的一种强力。所以辛亥革命，由清室一纸轻描淡写的退位诏书，就把这个战国诸子所预想，秦始皇所创立，西汉所完成，曾经维系中国二千余年的皇帝制度，以及三四千年来曾笼罩中国的天子理想，一股结束。废旧容易，建新困难。在未来中国的建设中，新的元首制度也是一个不能避免的大问题。

四、无兵的文化

（一）政治制度之凝结
（二）中央与地方
（三）文官与武官
（四）士大夫与流氓
（五）朝代交替
（六）人口与治乱
（七）中国与外族

著者前撰《中国的兵》，友人方面都说三国以下所讲的未免太简，似乎有补充的必要。这种批评著者个人也认为恰当。但二千年来的兵本质的确没有变化。若论汉以后兵的史料，正史中大半都有兵志，正续通考中也有系统的叙述，作一篇洋洋大文并非难事。但这样勉强叙述一个空洞的格架去凑篇幅，殊觉无聊。反之，若从侧面研究，推敲二千年来的历史有什么特征，却是一个意味深长的探求。

秦以上为自主、自动的历史，人民能当兵，肯当兵，对国家负责任。秦以下人民不能当兵，不肯当兵，对国家不负责任，因而一切都不能自主，完全受自然环境（如气候，饥荒等等）与人事环境（如人口多少,人才有无,与外族强弱等等)的支配。

秦以上为动的历史,历代有政治社会的演化更革。秦以下为静的历史,只有治乱骚动,没有本质的变化,在固定的环境之下,轮回式的政治史一幕一幕的更迭排演,演来演去总是同一出戏,大致可说是汉史的循环发展。

这样一个完全消极的文化,主要的特征就是没有真正的兵,也就是说没有国民,也就是说没有政治生活。为简单起见,我们可以称它为“无兵的文化”。无兵的文化,轮回起伏,有一定的法则,可分几方面讨论。

(一) 政治制度之凝结

历代的政治制度虽似不同,实际只是名义上的差别。官制不过是汉代的官制,由一朝初盛到一朝衰败期间,官制上所发生的变化也不能脱离汉代变化的公例。每朝盛期都有定制,宰相的权位尤其重要,是发挥皇权的合理工具,甚至可以限制皇帝的行动。但到末世,正制往往名存实亡,正官失权,天子的近臣如宦官、外戚、幸臣、小吏之类弄权专政,宰相反成虚设。专制的皇帝很自然的不愿信任重臣,因为他们是有相当资格的人,时常有自己的主张,不见得完全听命。近臣地位卑贱,任听皇帝吩咐,所以独尊的天子也情愿委命寄权,到最后甚至皇帝也无形中成了他们的傀儡。

例如汉初高帝、惠帝、吕后、文帝、景帝时代的丞相多为功臣,皇帝对他们也不得不敬重。他们的地位巩固,不轻易被撤换。萧何在相位十四年,张苍十五年,陈平十二年,这都是后代少见的例子。萧何、曹参、陈平、灌婴、申屠嘉五个丞相都死在任上，若不然年限或者更长。①

丞相在自己权限范围以内的行动，连皇帝也不能过度干涉。例如申屠嘉为相，一日入朝，文帝的幸臣邓通在皇帝前恃宠怠慢无礼，丞相大不满意，向皇帝发牢骚："陛下幸爱群臣，则富贵之。至于朝廷之礼，不可以不肃！"文帝只得抱歉地答复："君勿言，吾私之。"但申屠嘉不肯放松，罢朝之后回相府，正式下檄召邓通，并声明若不即刻报到就必斩首。邓通大恐，跑到皇帝前求援，文帝叫他只管前去，待危急时必设法救应。邓通到相府，免冠赤足，顿首向申屠嘉谢罪，嘉端坐自如，不肯回礼，并声色俱厉地申斥一顿：

> 夫朝廷者，高皇帝之朝廷也。通小臣，戏殿上，大不敬，当斩！史今行斩之！

"大不敬"在汉律中是严重的罪名，眼看就要斩首。邓通顿首不已，满头出血，申屠嘉仍不肯宽恕。文帝计算丞相的脾气已经发作到满意的程度，于是遣使持节召邓通，并附带向丞相求情："此吾弄臣，君释之！"邓通回去见皇帝，一边哭，一边诉苦："丞相几杀臣！"②

这幕活现的趣剧十足地表明汉初丞相的威风，在他们行使职权的时候连皇帝也不能干涉，只得向他们求情。后来这种情形渐渐变化。武帝时的丞相已不是功臣，因为功臣已经死尽。丞相在

① 俱见《汉书》卷十九下《百官公卿表下》。

② 《汉书》卷四十二《申屠嘉传》。

位长久或死在任上的很少,同时有罪自杀或被戮的也很多。例如李蔡、庄青翟、赵周、公孙贺、刘屈氂都不得善终。[1] 并且武帝对丞相不肯信任,相权无形减少。丞相府原有客馆,是丞相收养人才的馆舍。武帝的丞相权小,不能多荐人,客馆荒凉,无人修理;最后只得废物利用,将客馆改为马厩、车库或奴婢室![2]

武帝似乎故意用平庸的人为相,以便于削夺相权。例如田千秋本是关中高帝庙的卫寝郎,无德无才,只因代卫太子诉冤,武帝感悟,于是就拜千秋为大鸿胪,数月之间拜相封侯。一言而取相位,这是连小说家都不敢轻易创造的奇闻。这件事不幸又传出去,遗笑外国。汉派使臣聘问匈奴,单于似乎明知故问:"闻汉新拜丞相。何用得之?"使臣不善辞令,把实话说出,单于讥笑说:"苟如是,汉置丞相非用焉也,妄一男子上书即得之矣!"这个使臣忠厚老实,回来把这话又告诉武帝。武帝大怒,认为使臣有辱君命,要把他下狱治罪。后来一想不妥当,恐怕又要遗笑大方,只得宽释不问。[3]

丞相的权势降低,下行上奏的文件武帝多托给中书谒者令。这是皇帝左右的私人,并且是宦官。这种小人"领尚书事",丞相反倒无事可作。武帝晚年,卫太子因巫蛊之祸自杀,昭帝立为太子,年方八岁,武帝非托孤不可。于是就以外戚霍光为大司马大将军,领尚书事,受遗诏辅政。[4] 大司马大将军是天下最高的武职,领尚书事就等于"行丞相事",是天下最高的政权。武帝一生要削减相

① 《汉书》卷五十八《公孙弘传》,卷六十六《公孙贺传》,《刘屈氂传》。
② 《汉书》卷五十八《公孙弘传》。
③ 《汉书》卷六十六《车千秋传》。
④ 《汉书》卷六《武帝纪》,卷六十八《霍光传》。

权，到晚年有意无意间反把相权与军权一并交给外戚。从此西汉的政治永未再上轨道。皇帝要夺外戚的权柄就不得不引用宦官或幸臣，最后仍归失败，汉的天下终被外戚的王莽所篡。至于昭帝以下的丞相，永久无声无息，大半都是老儒生，最多不过是皇帝备顾问的师友，并且往往成为贵戚的傀儡。光武中兴，虽以恢复旧制相标榜，但丞相旧的地位永未恢复，章帝以后的天下又成了外戚、宦官交互把持的局面。

后代官制的变化，与汉代如出一辙。例如唐朝初期三省的制度十分完善。尚书省总理六部行政事宜，尚书令或尚书仆射为正宰相。门下侍中可称为副宰相，审查诏敕，并得封驳奏抄诏敕。中书令宣奉诏敕，也可说是副宰相。但高宗以下天子左右的私人渐渐用“同中书门下平章事”的名义夺取三省的正权，这与汉代的“领尚书事”完全相同。①

唐以后寿命较长的朝代也有同样的发展。宋代的制度屡次改革，但总的趋势也与汉、唐一样。南渡以后，时常有临时派遣的御营使或国用使一类的名目，操持宰相的实权。明初有中书省，为宰相职。明太祖生性猜忌，不久就废宰相，以殿阁学士勉强承乏。明朝可说是始终没有宰相，所以宦官才能长期把持政治。明代的演化也与前代相同，只不过健全的宰相当权时代未免太短而已。满清以外族入主中国，制度和办法都与传统的中国不全相同，晚期又与西洋接触，不得不稍微摹仿改制。所以清制与历来的通例不甚相合。

历朝治世与乱世的制度不同，丞相的权位每有转移。其时间

① 《新唐书》卷四十六《百官志一》，卷四十七《百官志二》。

常发生一个有趣的现象：就是前代末期的乱制往往被后代承认为正制。例如尚书、中书、门下三省，乃是汉末魏晋南北朝乱世的变态制度；但唐代就正式定它为常制。枢密院本是唐末与五代的反常制度，宋朝也定它为正制。但这一切都不过是名义。我们研究历代的官制，不要被名称所误。两代可用同样的名称，但性质可以完全不同。每代有合乎宪法的正制，有小人用事的乱制。各朝的正制有共同点，乱制也有共同点；名称如何，却是末节。盛唐的三省等于汉初的丞相，与汉末以下演化出来的三省全不相同。以此类推，研究官制史的时候就不至被空洞的官名所迷惑了。

（二）中央与地方

宰相权位的变化，二千年间循环反复，总演不出新的花样。变化的原动力是皇帝与皇帝左右的私人，与天下的人民全不相干。这在一个消极的社会是当然的事。

中央与地方的关系，秦、汉以下也有类似的定例。太平时代，中央政府大权在握，正如秦、汉的盛世一样。古代封建制度下的阶级到汉代早已消灭。阶级政治过去后，按理可以有民众政治出现；但实际自古至今在任何地方也没有发生过真正的全民政治，并且在阶级消灭后总是产生个人独裁的皇帝政治，没有阶级的社会，无论在理论上如何美善，实际上总是一盘散沙。个人、家族以及地方的离心力非常强大，时时刻刻有使天下瓦解的危险。社会中并没有一个健全的向心力，只有专制的皇帝算是勉强沙粒结合的一个不很自然的势力。地方官必须由皇帝委任，向皇帝负责；不然天下就要分裂混乱。并且二千年来的趋势是中央集权的程度日愈加深。例如汉代地方官只有太守是直接由皇帝任命，曹掾以下都由太守随意选用本郡的人。南北朝时，渐起变化。隋就正式规定大小地方官都受命于朝廷，地方官回避乡土的制度无形成立。① 若把这种变化整个认为是由于皇帝或吏部愿意揽权，未免因果倒置。主要的关系恐怕还是因为一般的人公益心日衰，自私心日盛，在本乡作官弊多利少，反不如外乡人还能比较公平客观。所以与其说皇帝愿意绝对集权，不如说他不得不绝对集权。

乱世的情形正正相反。帝权失坠，个人、家族与地方由于自然的离心力又恢复了本质的散沙状态。各地豪族、土官、流氓、土匪的无理的专制代替了皇帝一人比较合理的专制。汉末三国时代与安史乱后的唐朝和五代十国都是这种地方官专擅的好例；最多只维持一个一统的名义，往往名义上也为割据。例如唐的藩镇擅自署吏，赋税不解中央，土地私相授受，甚至传与子孙。② 这并不是例外，以前或以后的乱世也无不如此。在这种割据时代，人民受的痛苦，由民间历来喜欢传诵的“宁作太平犬，勿作乱世民”的话，可以想见。乱世的人无不希望真龙天子出现，因为与地方小朝廷的地狱比较起来，受命王天下的政治真是天堂。

宋以下好似不大见到割据的局面，但这只是意外原因所造出的表面异态，北宋未及内部大乱，中原就被外族征服。南宋也没有得机会形成内部割据，就被蒙古人吞并。这都是外来的势力使中国内部不得割据的例证。元末汉人驱逐外族，天下大乱，临时又割

① 顾炎武：《日知录》卷八《掾属》。

② 《新唐书》卷五〇《兵志》，卷二一〇《藩镇列传》。

据起来。明末流寇四起，眼看割据的局面就要成立，恰巧满清入关，中国又没有得内部自由捣乱。清末民初割据的局面实际已经成立，只因在外族势力的一方面威胁、一方面维持之下，中国不得不勉强摆出一个统一的面目。所以在北京政府命令不出国门的时候，中国名义上仍是一个大一统的中华民国。最近虽略有进步，这种情形仍未完全过去。所以宋以下历史的趋势与从前并无分别；只因外族势力太大，内在的趋势不得自由活动而已。

（三）文官与武官

文官、武官的相互消长也与治乱有直接的关系。盛世的文官重于武官，同品的文武二员，文员的地位总是高些。例如汉初中央三公中的丞相高于太尉，地方的郡守高于郡尉，全国的大权一般讲来也都操在文吏的手中。[①] 又如唐初处宰相地位的三省长官全为文吏，军权最高的兵部附属于尚书省，唐制中连一个与汉代太尉相等的武官也没有。[②]

独裁的政治必以武力为最后的基础。盛世是皇帝一人的武力专政，最高的军权操于一手，皇帝的实力超过任何人可能调动的武力。换句话说，皇帝是大军阀，实力雄厚，各地的小军阀不敢不从命。但武力虽是最后的条件，直接治国却非用文官不可；文官若要合法的行政，必须不受皇帝以外任何其他强力的干涉支配；若要不

① 《汉书》卷十九上《百官公卿表上》。
② 《新唐书》卷四十六《百官志一》，卷四十七《百官志二》。

受干涉，必须有大强力的皇帝作后盾。所以治世文胜于武，只是一般的讲；归结到最后，仍是强力操持一切。这个道理很明显，历史上的事实也很清楚，无需多赘。中国历史上最足以点破这个道理的就是宋太祖杯酒解兵权的故事：

> 乾德初，帝因晚朝与守信等饮酒。酒酣，帝曰："我非尔曹不及此，然吾为天子殊不若为节度使之乐。吾终夕未尝安枕而卧！"
>
> 守信等顿首曰："今天命已定，谁复敢有异心？陛下何为出此言邪？"
>
> 帝曰："人孰不欲富贵？一旦有以黄袍加汝之身，虽欲不为，其可得乎？"
>
> 守信等谢曰："臣愚不及此，惟陛下哀矜之！"
>
> 帝曰："人生驹过隙尔，不如多积金帛田宅以遗子孙，歌儿舞女以终天年，君臣之间无所猜嫌，不亦善乎？"
>
> 守信谢曰："陛下念及此，所谓生死而肉骨也！"
>
> 明日皆称病，乞解兵权。帝从之，皆以散官就第，赏赉甚厚。①

宋初经过唐末五代的长期大乱之后，求治的心甚盛，所以杯酒之间大军阀能将小军阀的势力消灭。此前与此后的开国皇帝没有这样便宜，他们都须用残忍的诛戮手段或在战场上达到他们的目的。

① 《宋史》卷二五〇《石守信传》。

乱世中央的大武力消灭，离心力必然产生许多各地的小武力。中央的军队衰弱，甚至消灭；有力的都是各地军阀的私军。这些军阀往往有法律的地位，如东汉末的州牧都是朝廷的命官，但实际却是独立的军阀。[①] 唐代的藩镇也是如此。此时地方的文官仍然存在，但都成为各地军阀的傀儡，正如盛世的文官都为大军阀（皇帝）的工具一样。名义上文官或仍与武官并列，甚或高于武官；但实情则另为一事。例如民国初年各省有省长，有督军，名义上省长高于督军；但省长的傀儡地位在当时是公开的秘密。并且省长常由督军兼任，更见得省长的不值钱了。

乱世军阀的来源，古今也有公例。最初的军阀本多是中央的巡察使，代中央监察地方官，本人并非地方官。汉的刺史、州牧当初是巡阅使，并非行政官。[②] 唐代节度使的前身有各种的监察使，也与汉的刺史一样。后来设节度使，兵权虽然提高，对地方官仍是处在巡阅的地位；只因兵权在握，才无形中变成地方官的上司。[③] 这种局面一经成立，各地的强豪，土匪以及外族都可趁火打劫而成军阀。如汉末山贼张燕横行河北诸郡，朝廷不能讨，封为平难中郎将，领河北诸山谷事，每年并得举孝廉。[④] 唐末天下大乱，沙陀乘机发展，以致引起后日五代时期的沙陀全盛局面。[⑤] 这些新军阀都是巡察官的军阀制度成立后方才出现的。

---

① 《后汉书》卷一〇四《袁绍传》。

② 《汉书》卷十九上《百官公卿表上》。

③ 《新唐书》卷五〇《兵志》，卷二一〇《藩镇列传》。

④ 《后汉书》卷一〇一《朱儁传》。

⑤ 《新唐书》卷二一八《沙陀传》。

(四) 士大夫与流氓

在一盘散沙的社会状态下,比较有组织的团体,无论组织如何微弱或人数如何稀少,都可操纵一般消极颓靡的堕民。中国社会自汉以下只有两种比较强大的组织,就是士大夫与流氓。

士大夫团体的萌芽,远在战国时代。古代的贵族政治破裂,封建的贵族被推翻,在政治上活动的新兴人物就是智识分子,在当时称为游说之士。但在战国时代百家争鸣,游说之士并非一个纯一而有意识的团体。这种团体的实现是汉武帝废百家,崇儒术,五经成为作官捷径后的事。隋唐以下,更加固定的科举制度成立,愈发增厚士大夫的团结力量。儒人读同样的书,有同样的目标,对事有同样的态度,并且因为政治由他们包办,在社会上他们又多是大地主,所以他们也可说有共同的利益。虽无正式的组织,他们实际等于一个政党,并且是惟一的政党。由此点看,一党专政在中国倒算不得稀奇!皇帝利用儒人维持自己的势力,儒人也依靠皇帝维持他们的利益。这些士大夫虽不是一个世袭的贵族阶级,却是惟一有共同目标的团体,所以人数虽少,也能操纵天下的大局。

但士大夫有他们特殊的弱点。以每个分子而论,他们都是些文弱的书生,兵戎之事全不了解,绝对不肯当兵。太平盛世他们可靠皇帝与团体间无形的组织维持自己的势力。天下一乱,他们就失去自立自主的能力,大权就移到流氓的手中。士大夫最多只能守成,并无应付变局的能力。每次天下大乱时士大夫无能为力的情形就暴露无遗。乱世士大夫的行为几乎都是误国祸国的行为,古今绝少例外。他们的行为不外三种。第一,是无谓的结党误国。东汉末的党祸,宋代的新旧党争,明末的结党,是三个最明显的例子。三例都是在严重的内忧或外患之下的结党营私行为。起初的动机无论是否纯粹,到后来都成为意气与权力的竞争;大家都宁可误国,也不肯牺牲自己的意见与颜面,当然更不肯放弃自己的私利。各党各派所谈的都是些主观上并不诚恳、客观上不切实际的高调。①

乱世士大夫的第二种行为就是清谈。一般的高调当然都可说是清谈,但典型的例子却是魏晋时代的清静无为主义。胡人已经把凉州、并州、幽州(略等于今日甘肃、山西、河北三省)大部殖民化,②中国的内政与民生也到了山穷水尽的时候,一些负政治责任的人与很多在野的人仍在谈玄,这可说是一种逃避现实的行为。③今日弄世丧志的小品幽默文字,与一知半解的抄袭西洋各国的种种主义与盲目的号呼宣传,可说是两种不同的二十世纪式的清谈。

乱世士大夫的第三种行为就是作汉奸。作汉奸固然不必需要士大夫,但第一等的汉奸却只有士大夫才有资格去作。刘豫与张邦昌都是进士出身。洪承畴也是进士。近年的例可无需列举了。

流氓团体与士大夫同时产生。战国时代除游说之士外,还有游侠之士。他们都肯为知己的人舍身卖命,多为无赖游民出身;到汉代皇帝制度成立后,费了九牛二虎之力才把侠士太公开的自由行动大致铲除。④ 但这种风气始终没有消灭,每逢乱世必定抬头。

① 除正史外,可参考赵翼:《廿二史劄记》卷五,卷二十六,卷三十五。
② 《晋书》卷五十六《江统传》,卷九十七《匈奴传》。
③ 赵翼:《廿二史劄记》卷八。
④ 《汉书》卷九十二《游侠列传》。

由东汉时起,流民也有了组织,就是宗教集团。最早的例子就是黄巾贼。[①] 松散的人民除对家族外,很少有团结的能力。只有利用宗教的迷信与神秘的仪式才能使民众团结。由东汉时代起,历代末世都有类似黄巾贼的团体出现。黄巾贼的宣传,提出"苍天已死,黄天当立;岁在甲子,天下大吉"似通不通的神秘口号。唐末黄巢之乱,也倡出黄应代唐的妖言。[②] 元末白莲教甚行一时,[③]明代(尤其明末)历批的流寇仍多假借白莲教或其他邪教的名义。[④] 满清末季的白莲教、天理教、八卦教[⑤]以及义和团都是这类的流氓、愚民与饿民的团体。流氓是基本分子,少数愚民被利用,最后饿民大批入教。一直到今日,在报纸上还是时常发现光怪陆离的邪教在各地活动。但二千年来的流氓秘密组织是否有一线相传的历史,或只是每逢乱世重新产生的现象,已无从稽考了。

太平时代,流氓无论有组织与否,都没有多大的势力。但惟一能与士大夫相抗的却只有这种流氓团体。梁山泊式劫富济贫、代天行道的绿林好汉,虽大半是宣传与理想,但多少有点事实的根据。强盗、窃贼、扒手、赌棍以及各种各类走江湖的帮团的敲诈或侵略的主要对象就是士大夫。流氓的经济势力在平时并不甚强,但患难相助的精神在他们中间反较士大夫间发达,无形中增加不少的势力。

流氓团体也有它的弱点。内中的分子几乎都是毫无知识的人,难成大事。形式上的组织虽较士大夫为强,然而实际也甚松

① 《后汉书》卷一〇一《皇甫嵩传》。
② 《新唐书》卷二二五下《黄巢传赞》。
③ 《明史》卷一二二《韩林儿传》。
④ 赵翼:《廿二史劄记》卷三十六《明代先后流贼》。
⑤ 魏源:《圣武记》卷一〇。

散。《水浒》中的义气只是理想化的浪漫故事。真正大规模的坚强组织向来未曾实现过，所以在太平时代，流氓不能与士大夫严重对抗，并且往往为士大夫所利用：大则为国家的武官或捕快，小则为士大夫个人的保镖。由流氓团体的立场来看，这是同类相残的举动，可说是士大夫"以夷制夷"政策成功的表现。

但遇到乱世，士大夫所依靠的皇帝与组织失去效用，流氓集团就可临时得势。天下大乱，大则各地割据的土皇帝一部为流氓头目出身，小则土匪遍地，官宪束手，各地人民以及士大夫都要受流氓地痞的威胁与侵凌。人民除正式为宫廷纳税外，还须法外地与土匪纳保险费，否则身家财产都难保障。士大夫为自保起见，往往被迫加入流氓集团，为匪徒奔走，正如太平时代士大夫的利用流氓一样。以上种种的情形，对民国初期的中国人都是身经、目睹或耳闻的实情，无需举例。

流氓虽然愚昧，但有时也有意外的成就。流氓多无知，流氓集团不能成大事；但一二流氓的头目因老于世故，知人善任，于大乱时期间或能成伟人，甚至创造帝业。汉高祖与明太祖是历史上有名的这类成功人物。但这到底是例外，并且他们成事最少一部分须靠士大夫的帮助，成事之后更必须靠士大夫的力量保守成业，天下的权力于是无形中又由流氓移到士大夫的手里。

（五）朝代交替

"话说天下大势，分久必合，合久必分。"谁都知道这是《三国志演义》的开场白，也可说是二千年来中国历史一针见血的口诀。一治一乱之间，并没有政治社会上真正的变化，只有易姓王天下的角色更换。我们在以上各节所讲的都是治世与乱世政治社会上各种不同的形态，但没有提到为何会有这种循环不已的单调戏剧。朝代交替的原因或者很复杂，但主要的大概不外三种，就是皇族的颓废、人口的增长与外族的迁徙。

第一种是个人的因素，恐怕不很重要；但因传统的史籍上多偏重这一点，我们不妨略为谈及。皇族的颓废化是一个自然的趋势，有两方面：一是生物学的或血统的，一是社会学的或习惯的。任何世袭的阶级，无论人数多少，早晚总要遇到一个无从飞渡的难关，就是血统上的退化。从古至今没有一个贵族阶级能维持长久，原因虽或复杂，但血统的日趋退化必是一个很重要的原因。法国革命前的贵族都是新贵，中古的贵族都已死净或堕落。今日英国的贵族能上溯到法国革命时代的已算是老资格的了。至于贵族中的贵族（王族或皇族）因受制度的维护，往往不至短期间就死净或丧失地位，但血统上各种不健全的现象却无从避免。百年战争时代（14 与 15 世纪间）的法国王族血统中已有了深重的神经病苗。今日欧洲各国的王族几乎没有一个健全的；只因实权大多不操在王手，所以身体上与神经上的各种缺陷无关紧要。但中国自秦、汉以下是皇帝专制的局面，皇帝个人的健全与否对于天下大局有很密切的关系。低能或愚昧的皇帝不只自己可走错步，他更容易受人包围利用。中国历代乱时几乎都有这种现象。至于血统退化的原因，那是生物学与优生学的问题，本文无需离题多赘。

皇族的退化不只限于血统，在社会方面皇帝与实际的人生日愈隔离，也是一个大的弱点。创业的皇帝无论是否布衣出身，但总都是老经世故、明了社会情况的领袖，所以不至受人愚弄。后代的皇帝生长在深宫之中，从生到死往往没有见过一个平民的面孔，对人民的生活全不了解。例如晋惠帝当天下荒乱，百姓饿死的时候，曾说："何不食肉糜？"[①]法国革命时巴黎饿民发生面包恐慌，路易第十六世的美丽王后也曾问过："他们为何不吃糕饼？"这样的一个皇帝，即或身心健全，动机纯粹，也难以合理地治理国家，必不免为人包围利用；若再加上血统的腐化，就更不必说了。

皇族的退化只是天下大乱的一个次要原因。由中国内部的情形来讲，人口的增长与生活的困难恐怕是主要的原因。这个问题非常重要，下面另辟一节讨论。由外部的情形来讲，气候的变化与游牧民族的内侵是中国朝代更换的主要原因。大地上的气候似乎是潮湿期与干燥期轮流当位。潮湿期农产比较丰裕，生活易于维持，世界上各民族间不致有惊人的变动。干燥期间土著地带因出产减少，民生日困。并且经过相当长的潮湿期与太平世之后，人口往往已达到饱和状态，农收丰裕已难维生，气候若再忽然干燥，各地就立刻要大闹饥荒。所以内在的因素已使土著地带趋向混乱。同时沙漠或半沙漠地带的游牧民族因气候骤变，生活更难维持；牛羊大批的饿死，寄生的人类也就随着成了饿殍。游牧民族在平时已很羡嫉土著地带的优裕生活，到了非常时期当然要大批地冲入他们心目中的乐国。古今来中国的一部或全部被西北或东北的外族征服，几乎都在大地气候的干燥时期。这绝不是偶然

① 《晋书》卷四《惠帝纪》。

的事。[1] 中国被外族征服是二千年来历史上的一件重大公案，下面也另节引申讨论。

（六）人口与治乱

食料的增加有限，人口的增加无穷，这在今日已是常识。一切生物都自然地趋向于无限的繁殖，中国传统的大家族制度与“不孝有三，无后为大”的香火主义使人口增加的速度更加提高。一家数十口，靠父祖的遗产坐吃山空，都比赛着娶妻生子。甚至没有遗产或遗产甚少，但数十口中若有一二人能够生产，全家就都靠这一二人生活繁殖。所以在小家庭的社会被淘汰的废人游民，在中国也都积极地参加人口制造的工作。并且按人类生殖的一般趋势，人愈无用生殖愈多，低能儿之生儿育女的能力远超常人，生殖似乎是废人惟一的用处与长处。所以中国不只人口增加得特别快，并且人口中的不健全分子的比例恐怕也历代增加。这大概是二千年来中国民族的实力与文化日愈退步的一个主要原因。

中国到底能养多少人口，是一个难以解答的问题。人口的统计向来不甚精确。先秦时代可以不论，由汉至明的人口，按官家的统计，最盛时也不过六千万左右，大乱之后可以减到一二千万。但这个数目恐怕太低。中国自古以来的人丁税与徭役制度使人民都

---

① 关于气候变化与游牧民族迁徙的问题，可参考 Ellsworth Huntington 教授的各种著作，最重要的是 *Civilization and Climate*；*The Pulse of Asia*；*Character of Races*。

不肯实报户口；若说明以上中国的人口向来没有达到过七千万，这是很难置信的。由满清时代的人口统计，可以看出前代的记载绝不可靠。[①] 康熙五十年（西元1711年）的人口为二千四百万。五十一年，颁"盛世滋生人丁"的诏书，从此以后，人丁赋以康熙五十年为准，这实际等于废人丁税。雍正时代田租与丁赋合并，可说是正式废除人丁税。从此户口实报已无危险，人口的统计不致像前代的虚妄。十年以后，康熙六十年（西元1721年），增到二千七百万。此后增加的速率渐渐达到好像不可信的惊人程度。二十八年后，乾隆十四年（西元1749年），人口忽然加到前古未有的1.77亿的高度，较前增加了六倍半。二十八年也不过是一世的期间，中国生殖率虽然高，也绝无高到这种程度的道理；显然是前此许多隐瞒的人口现在都出头露面了。再过十年，乾隆二十四年（西元1759年），就有1.94亿。再过二十四年，乾隆四十八年（西元1783年），就有2.84亿，将近三万万的人口高潮了。[②] 此时社会不安的现象渐渐抬头，高宗逊位之后就发生川、楚教匪的乱事，可见饭又不够吃的了。自此以后，至今一百四十年间社会总未安定，大小的乱事不断的发生。所以就拿中国传统极低的生活程度为标准，三万万

① 汉代人口最盛时五千九百万（《汉书》卷二十八上《地理志下》）。这数目或者还大致可靠。一，因当时的农业方法尚甚幼稚（《汉书》卷二十四上《食货志上》）。二，因今日广东、广西、福建、云南、贵州与四川一部的广大区域方才征服，尚未开发。三，因长江流域一带也没有发展到后日的程度。大概汉时承继古代法治的余风，政治比较上轨道，人民也比较地肯负责，大致准确的人口统计还不是绝对办不到的事。至于唐代人口最盛时只有五千万的记载，绝不可信；此后历代的统计就更不值一顾了。

② 关于历代人口的统计，除散见于正史《地理志》或《食货志》诸篇外，最方便的参考书就是《文献通考》卷一〇至一一《户口考》，《续文献通考》卷十二至十四《户口考》，《清朝文献通考》卷十九至二〇《户口考》。

的人口是中国土地的生产能力所能养的最高限度。历代最高六千万的统计，大概是大打折扣的结果，平均每五人只肯报一人。

至于今日四万万以至五万万的估计，大致也离实情不远。这个超过饱和状态的人口是靠外国粮食维持的。近年来每年六万万元的入超中，总有二万万元属于米麦进口。都市中的人几乎全靠外国粮食喂养，乡间也有人吃洋饭。这在以农立国的中华是生民未有的变态现象。今日的中国好比一个坐吃山空的大破落户，可吃的东西早已吃净，现在专靠卖房卖田以至卖衣冠鞋袜去糊口，将来终有一天产业吃光，全家老小眼看饿死。[①]

历代人口过剩时的淘汰方法，大概不出三种，就是饥荒，瘟疫，与流寇的屠杀。人口过多，丰收时已只能勉强维持；收成略减，就要大闹饥荒。饥荒实际有绝对的与相对的两种。广大的区域中连年不雨或大雨河决，这是绝对的饥荒，人口不负责任。但中国每逢乱世必有的饥荒不见得完全属于这一类，最少一部分是人口过剩时，收成稍微减少，人民就成千累万的饿死。

瘟疫与饥荒往往有连带的关系。食料缺乏，大多数人日常的营养不足，与病菌相逢都无抵抗的能力，因而容易演成大规模的传播性瘟疫。试看历代正史的《本纪》中，每逢末世饥荒与瘟疫总是相并而行，这也绝非偶然的事。

饥荒与瘟疫可说是自然的淘汰因素，人为的因素就是流寇。流寇在二千年来的中国历史上地位非常重要，甚至可说是一种必

---

① “兵在精，不在多”，谁都承认。一讲到人口，一般的见解总以为是多多益善。这是不思的毛病。南京中国地理学会出版的《地理学报》第二卷第二期（民国二十四年六月）中有胡焕庸教授《中国人口之分布》一文，可代表多数人的开明见解，注意中国人口问题的人都当一读。

需的势力。民不聊生，流寇四起，全体饿民都起来夺食，因而互相残杀。赤眉贼、黄巾贼、黄巢、李自成、张献忠是最出名的例子。但流寇不见得都是汉人，西晋末的五胡乱华也可看作外族饿民的流寇之祸。

在民乱初起时，受影响的只限于乡间，但到大崩溃时城市与乡间一同遭殃。例如西晋永嘉之乱时：

> 长安城中户不盈百，墙宇颓毁，蒿棘成林。朝廷无车马章服，唯桑版署号而已。众惟一旅，公私有车四乘。①

长安城中的人民或死亡，或流散。至于乡间的情形，据永嘉间的并州刺史刘琨的报告：

> 臣自涉州疆，目睹困乏，流移四散，十不孝二；携老扶弱，不绝于路。及其在者，鬻卖妻子，生相损弃；死亡委厄，白骨横野，哀呼之声，感伤和气。群胡数万，周匝四山，动足遇掠，开目睹寇。唯有壶关可得告籴，而此二道九州之险，数人当路，则百夫不敢进。公私往返，没丧者多，婴守穷城，不得薪采；耕牛既尽，又乏田器。

后来刘琨转战到达晋阳（今太原），只见“府寺焚毁，僵尸蔽地，其有存者饥羸无复人色。荆棘成林，豺狼满道”。② 城乡人口一并

① 《晋书》卷五《愍帝纪》。

② 俱见《晋书》卷六十二《刘琨传》。

大减。历史中所谓“人民十不存一二”或许说得过火,但大多数人民都死于刀兵水火或饥饿,是无可怀疑的。

民间历代都有“劫”的观念,认为天下大乱是天命降劫收人。这种民间迷信实际含有至理。黄巢的杀人如麻,至今还影射在民族心理的戏剧中。黄巢前生本为目连,因往地狱救母,无意中放出八百万饿鬼;所以他须托生为收人的劫星,把饿鬼全部收回。凡该被收的人,无论藏在什么地方,也逃不了一刀。这就是所谓“黄巢杀人八百万,在劫难逃”。这种神秘说法实际代表一个惨痛的至理。那八百万人(黄巢直接与间接所杀的恐怕还不只此数),无论当初是否饿鬼,但实际恐怕大多数是饿民或候补的饿民,屠杀是一个直截了当的解决方法。[1]

历代人口的增减有一个公式,可称为大增大减律。增加时就增到饱和点甚至超饱和点,减少时就减到有地无人种、有饭无人吃的状态。人口增多到无办法时,由上到下都感到生活困难;官吏受了生活恐慌心理的影响,日愈贪污,苛捐杂税纷至沓来。民间的壮健分子在饥寒与贪污的双层压迫下,多弃地为匪,或入城市经营小本工商,或变成无业的流民与乞丐。弃地日多,当初的良田一部成为荒地,生产愈少,饥荒愈多。盗匪遍地之后,凡不愿死于饥荒或匪杀的农民,也多放弃田地,或入城市,或为盗匪。荒地愈多,生产愈少;生产愈少,饥荒愈甚;饥荒愈甚,盗匪愈多;盗匪愈多,荒地愈广。这个恶圈最后一定发展到良民与盗匪无从辨别的阶段,这就是流寇的阶段。

---

① 《新唐书》卷二二五《黄巢传》。黄巢的八百万饿鬼中还有不少的洋鬼!见张星烺教授《中西交通史料汇篇》第三册第二十九节。

长期的酝酿之后，人口已经减少，再加最后阶段的流寇屠杀，当初“粥少僧多”的情形必一变而成“有饭无人吃”的局面。至此天下当然太平，真龙天子也就当然出现。大乱之后，土地食料供过于求，在相当限度以内，人口可再增加而无饥荒的危险。所以历史上才有少则数十年、多则百年的太平盛世：西汉初期的文景之治，东汉初期的中兴之治，唐初的贞观之治，清代康熙乾隆间的百年太平，都是大屠杀的代价所换来的短期黄金境界。生活安逸，社会上争夺较少，好弄词藻的文人就作一套“路不拾遗，夜不闭户”的理想文章来点缀这种近于梦幻的境界。

但这种局面难以持久。数十年或百年后，人口又过剩，旧的惨剧就须再演一遍。

（七）中国与外族

二千年来外族在中国历史上的地位非常重要。在原则上，中国盛强就征服四夷，边境无事，中国衰弱时或气候骤变时游牧民族就入侵扰乱，甚或创立朝代。但实际二千年来中国一部或全部大半都在外祸之下呻吟。五胡乱华与南北朝的三百年间，中原是外族的地盘。后来隋唐统一，中国算又自主。但隋与盛唐前后尚不到二百年，安史之乱以后，由肃宗到五代的二百年间，中原又见胡蹄时常出没，五代大部是外族扰攘的时期。北宋的一百六七十年间，中国又算自主，但国防要地的燕云终属于契丹，同等重要的河西之地又属西夏。南宋的一百五十年间，北方又成了女真的天下。等到女真已经汉化之后，宋、金同归于尽，一百年间整个的中国是蒙古大帝国的一部，这是全部中国的初次被征服。明朝是盛唐以后汉族惟一的强大时代，不只中国本部完全统一，并且东北与西北两方面的外族也都能相当的控制。这种局面勉强维持了约有二百年，明末中国又渐不能自保，最后整个的中国又第二次被外族征服。二百年后，满人已经完全汉化，海洋上又出现了后来居上的西洋民族。鸦片一战以后，中国渐渐成为西洋人的势力，一直到今天。

中国虽屡次被征服，但始终未曾消灭，因为游牧民族的文化程度低于中国，入主中国后大都汉化。只有蒙古人不肯汉化，[①]所以不到百年就被驱逐。游牧民族原都尚武，但汉化之后，附带的也染上汉族的文弱习气，不能振作，引得新的外族又来内侵。蒙古人虽不肯汉化，但文弱的习气却已染上，所以汉人不很费力就把他们赶回沙漠。

鸦片战争以下，完全是一个新的局面。新外族是一个高等文化民族，不只不肯汉化，并且要同化中国。这是中国有史以来所未曾遭遇过的紧急关头，惟一略为相似的前例就是汉末魏晋的大破裂时代。政治瓦解到不可收拾的地步，因而长期受外族的侵略与统治。旧文化也衰弱僵化，因而引起外来文化势力的入侵，中国临时完全被佛教征服，南北朝时代的中国几乎成了印度中亚文化的附庸。但汉末以下侵入中国的武力与文化是分开的，武力属于五胡，文化属于印度。最近一百年来侵入中国的武力与文化属于同一的西洋民族，并且武力与组织远胜于五胡，文化也远较佛教为积极。两种强力并于一身而向中国进攻，中国是否能够支持，很成问

① 赵翼:《廿二史劄记》卷三〇。

题。并且五胡与佛教入侵时,中国民族的自信力并未丧失,所以仍能得到最后的胜利:五胡为汉族所同化,佛教为旧文化所吸收。今日民族的自信力已经丧失殆尽,对传统中国的一切都根本发生怀疑。这在理论上可算为民族自觉的表现,可说是好现象。但实际的影响有非常恶劣的一方面:多数的人心因受过度的打击都变为麻木不仁,甚至完全死去,神经比较敏捷的人又大多盲目地崇拜外人,捉风捕影,力求时髦,外来的任何主义或理论都有它的学舌的鹦鹉。这样说来,魏晋南北朝的局面远不如今日的严重,我们若要找可作比较的例证,还须请教别的民族的历史。

古代的埃及开化后,经过一千余年的酝酿,在西元前1600年左右全国统一,并向外发展,建设了一个大帝国,正如中国的秦汉时代一样。这个帝国后来破裂,时兴时衰,屡次被野蛮的外族征服,但每次外族总为埃及所同化。这与中国由晋至清的局面相同。最后于西元前525年埃及被已经开化的波斯人征服,埃及文化初次感到威胁。但波斯帝国不能持久,二百年后埃及又为猛进的希腊人所征服。从此埃及文化渐渐消灭,亚历山大利亚后来成为雅典以外最重要的希腊文化城。从此经过罗马帝国时代,埃及将近千年是希腊文化的一部分。最后在西元639至643年间,埃及又为回教徒的阿拉伯人所征服,就又很快的阿拉伯化,一直到今天埃及仍是阿拉伯文化的一部分。今日在尼罗河流域只剩有许多金字塔与石像还属于古埃及文化。宗教以及风俗习惯都已阿拉伯化,古文字也早已被希腊文与阿拉伯文前后消灭,直到19世纪才又被西洋人解读明白,古埃及的光荣历史才又被人发现。

古代的巴比伦与埃及的历史几乎同时,步骤也几乎完全一致,也是在统一与盛强后屡次被野蛮的外族征服,但外族终被同化。

后来被波斯征服，就渐渐波斯化，最后被阿拉伯人征服同化。今日在两河流域的古巴比伦地已经找不到一个巴比伦人，巴比伦的文字也是到19世纪才又被西洋的考古学家解读明白的。

中国是否也要遭遇古代埃及与巴比伦的命运？我们四千年来的一切是否渐渐都要被人忘记？我们的文字是否也要等一二千年后的异族天才来解读？但只怕汉文一旦失传，不是任何的天才所能解读的！这都是将来的事，难以武断地肯定或否定。但中国有两个特点，最后或有救命的效能，使它不至遭遇万劫不复的悲运。中国的地面广大，人口众多，与古埃及、巴比伦的一隅之地绝不可同日而语。如此广大的特殊文化完全消灭，似非易事。但现代战争利器的酷烈也为前古所未有，西洋各国宣传同化的能力也是空前的可怕，今日中国人自信力的薄弱也达到了极点，地大人多似乎不是十分可靠的保障。

另外一个可能的解救中国文化的势力就是中国的语言文字。汉文与其他语文的系统都不相合，似乎不是西洋任何的语文所能同化的。民族文化创造语言文字，同时语言文字又为民族文化所寄托，两者有难以分离的关系。语言文字若不失掉，民族必不至全亡，文化也不至消灭。阿拉伯人所同化的古民族中，只有波斯人没有失去自己的语言文字，所以今日巴比伦人与埃及人已经绝迹于天地间，但波斯地方居住的仍是波斯人，他们除信回教之外，其他都与阿拉伯人不同。并且他们所信的回教是阿拉伯人所认为异端的派别，这也是波斯人抵抗阿拉伯文化侵略的表现。这种抵抗能力最少一部分是由于语言文字未被同化。西洋文化中国不妨尽量吸收，实际也不得不吸收，只要语言文字不贸然废弃，将来或者终有消化新养料而复兴的一天。

五、中国文化的两周

（一）正名

（二）中国史的分期

（三）中国史与世界史的比较

断代是普通研究历史的人所认为一个无关紧要的问题。试看一般讲史学方法的书，或通史的叙论中，对此问题都有一定的套语，大致如下：

> 历史上的变化都是积渐的，所有的分期都是为研究的便利而定，并非绝对的。我们说某一年为两期的分界年，并不是说某年的前一年与后一年之间有截然不同之点，甚至前数十年与后数十年之间也不见得有很大的差别。我们若把这个道理牢记在心，就可分历史为上古、中古、近代三期而不致发生误会了。

这一类的话在西洋的作品中时常遇到，近年来在中国也很流行一时。话都很对，可惜都不中肯。历史就是变化，研究历史就为的是明了变化的情形。若不分期，就无从说明变化的真相。宇宙间的现象，无论大小，都有消长的步骤；人类文明也脱离不了宇宙的范围，也绝不是一幅单调的平面图画。但因为多数研究的人不注意此点，所以以往的分期方法几乎都是不负责任的，只粗枝大叶地分为上古、中古、近代，就算了事。西洋人如此，中国人也依样画葫芦。比较诚恳一点的人再细分一下，定出上古、中古、近古、近世、近代、现代一类的分期法，就以为是独具匠心了。这种笼统的分法比不分期也强不了许多，对于变化的认清并没有多大的帮助。不分期则已；若要分期，我们必须多费一点思索的功夫。

（一）正名

“名不正则言不顺”这一句话，很可移用在今日中国史学界的身上。无论关于西洋史或中国史，各种名义都不严正，这是断代问题所以混乱的一个主要原因。我们若先将各种含意混沌的名词弄清，问题就大半解决了。

西洋史上古、中古、近代的正统分期法，是文艺复兴时代的产物。当时的文人对过去数百年以至千年的历史发生了反感，认为自己的精神与千年前的罗马人以至尤前的希腊人较为接近，与方才过去的时代反倒非常疏远。他们奉希腊、罗马的文献为经典（Classics），现在为这种经典的复兴时代（Renaissance），两期中间的一段他们认为是野蛮人，尤其是戈特人的时代（Barbarous 或 Gothic），或黑暗时代（Dark Ages），恨不得把它一笔勾销。他们只肯认为这是两个光明时代之间的讨厌的中间一段，甚至可说是隔断一个整个的光明进展的障碍物，除“野蛮”，“戈特”，或“黑暗”之外，他们又称它为“中间时代”，[1]字中含有讥讽、厌弃的意义。希腊、罗马就称为经典时代（Classical Ages），又称为古代或上古（Antiquity）。“经典”当然是褒奖的名词。连“古代”也有美的含意。他们那时的心理也与中国汉以下的情形一样，认为“古”与“真美善”是一而二，二而一的。因为崇拜“古”，所以“古代”就等于“理想时代”或“黄金时代”。至于他们自己这些崇拜“古代”的人，就自称为“摩登时代”或新时代（Modern Age）。所谓“摩登”与近日一般的见解略有不同，并不是“非古”，而是“复古”的意思，是一个“新的古代”或“新的经典时代”，或“经典复兴的时代”。

这种说法并不限于一人，也不倡于一人，乃是文艺复兴时代的普遍见解。虽然不久宗教改革运动发生，宗教信仰又盛极一时，但文艺复兴人物崇拜古代的心理始终没有消灭，历史的三段分法也就渐渐被人公认，直到今日西洋史学界仍为这种分法所笼罩。虽不妥当，在当初这种分法还可勉强自圆其说。“上古”限于希腊、罗马；关于埃及、巴比伦和波斯，除与希腊、罗马略为发生关系外，他们只由《圣经》中知道一点事实，在正统的历史作品中对这些民族一概置诸不理。十九世纪以下情形大变。地下的发掘增加了惊人的史料与史实，和出乎意料的长期时代。这些都在希腊、罗马之前，虽不能称为“经典时代”，却可勉强称为“古代”。地下的发掘愈多，“古代”拉得愈长。到今日，古代最少有四千年，中古最多不过千年，近代只有四五百年。并且把希腊、罗马与中古近代的历史打成一片，虽嫌牵强，还可办到。但地下发见的史实太生硬，除了用生吞活剥的方法之外，万难与传统的历史系统融合为一。专讲

① Mediaeval 为拉丁文“中间”（Medius）与“时代”（aevum）二字合成。

埃及史或巴比伦史，还不觉得为难；一旦希求完备的通史，就感到进退窘迫。凡读通史的人，对希腊以前时间非常长而篇幅非常短的一段都有莫明其妙的感想，几万言或十几万言读过之后，仍是与未读之前同样的糊涂，仍不明白这些话到底与后来的发展有什么关系。近年来更变本加厉，把民族、血统完全间断，文化系统线索不明的新石器时代与旧石器时代也加上去，[1]甚至有人从开天辟地或天地未形之先讲起，[2]愈发使人怀疑史学到底有没有范围，是否一种大而无外的万宝囊。

西洋人这种不加深思的行动，到中国也就成了金科玉律，我们也就无条件地认“西洋上古”为一个神怪小说中无所不包的乾坤如意袋。西洋人自己既然如此看法，我们也随着附和，还有可说；但摹仿西洋，把中国史也分为三段，就未免自扰了。中国从前也有断代的方法，不过后来渐渐被人忘记。在《易·系辞》中已有“上古”、“中古”的名称，“上古”是指“穴居野处，结绳而治”的时代，“中古”是指殷周之际，所谓“殷之末世，周之盛德”的纣与文王的时代。[3] 以此类推，西周以下当为近代。若求周备，可称西周为“近古”，就是荀子所谓“后王”的时代，[4]礼乐崩坏，“世风日下”，“人心

---

① 新石器时代的人类与近人大概有血统的关系，虽然同一地的新石器人类不见得一定是后来开化人类的祖先，文化系统也不见得是一线相传。至于旧石器时代的人类，与近人并不是同一的物种。

② H. G. Wells 的 *Outline of History* 是最早、最著名的例子。近年来东西各国效颦的人不胜枚举。

③ 见《易·系辞下》。

④ 见《荀子》卷三《非相篇》第五，卷五《王制篇》第九。《韩非子》卷十九《五蠹篇》第四十九以有巢、燧人的二代为上古，以尧、舜、禹之世为中古，以商周为近古，与《荀子》略异。

不古"的春秋、战国可称"近世"或"近代"。这大体可代表战国诸子的历史观与历史分期法。秦汉以下,历史的变化较少,一般人生长在不变之世,对于已往轰轰烈烈的变化,渐渐不能明了,史学于是也变成历朝历代的平面叙述。断代的问题并不发生,因为清楚的时代观念根本缺乏。

十九世纪西学东渐以后,国人见西洋史分为三段,于是就把中国史也尔样划分。战国诸子的分法到今日当然已不适用,于是就参考西洋的前例,以先秦时代为上古,秦汉至五代为中古,宋以下为近代。再完备的就以宋为近古,元、明、清为近代,近百年为现代。此外大同小异的分期法,更不知有多少。这种分期法倡于何人,已无可考,正如西洋史的三段分法由何人始创的不可考一样。①但西洋史的三段分法,若把希腊以前除外,还勉强可通;至于中国史的三段分法或五六段分法,却极难说得圆满。

近年来中国史的上古也与西洋史的上古遭了同样的命运。中国古代的神话史本来很长,但一向在半信半疑之间,并不成严重的问题。近来地下发现了石器时代的遗物,于是中国史戴上了一顶石头帽子。这还不要紧。北京猿人发现之后,有些夸大习性未除的国人更欢喜欲狂,认为科学已证明中国历史可向上拉长几十万年。殊不知这种盗谱高攀的举动极为可笑,因为北京猿人早已断子绝孙,我们决不会是他的后代。由史学的立场来看,北京人的发现与一个古龙蛋的发现处在同等的地位,与史学同样的毫不相干。据今日所知,旧石器时代各种不同的人类早已消灭,惟一残留到后

① 若详细搜索清末的文字,或者可找到创始的人。但这种事殊不值得特别费时间去作;将来或有人无意中有所发现。

代的塔斯玛尼亚人(Tasmanians)到十九世纪也都死尽。[①] 新石器时代的人到底由何而来,至今仍为人类学上的一个未解之谜;是由旧石器时代的人类演变而出,或由他种动物突变而出,全不可知。新石器时代的文化是否由旧石器时代蜕化而出,也无人能断定;新旧两石器时代的人类似乎不是同一的物种,两者之间能否有文化的传达,很成问题。新石器的人类与今日的人类属于同一物种,文化的线索也有可寻,但不见得某一地的新石器时代人类就是同地后来开化人类的祖先,某一地的新石器文化也不见得一定与同地后来的高等文化有连带的关系。因为我们日常习用"中国史"、"英国史"、"欧洲史"一类的名词,无意之间就发生误会,以为一块地方就当然有它的历史。由自然科学的立场来看,地方也有历史,但那是属于地质学与自然地理学的范围的,与史学本身无关。地方与民族打成一片,在一定的时间范围以内,才有历史。民族已变,文化的线索已断,虽是同一地方,也不是同一的历史。这个道理应当很明显,但连史学专家也时常把它忽略。无论在中国或西洋,"上古史"的一切不可通的赘疣都由这种忽略而发生。所以关于任何地方的上古史或所谓"史前史",即或民族文化都一贯相传,最早也只能由新石器时代说起,前此的事实无论如何有趣,也不属于史学的范围。这是第一个"正名"的要点。

人类史的最早起点既已弄清,此后的问题就可简单许多。在中国时常用的名词,除"中国史"之外,还有"世界史"、"外国史"与"西洋史"三种名称。"世界史"按理当包括全人类,但平常用起来多把中国史除外,所以"世界史"等于"外国史"。至于"外国史"与

① 见 W. J. Sollas 著 *Ancient Hunters* 第四章。

“西洋史”有何异同，虽没有清楚的说法，但大致可以推定。我们可先看“西洋史”到底何指。“西洋”是一个常用的名词，但若追问“西洋”的时间与空间的范围，恐怕百人中不见得有一人能说清。若说西洋史为欧洲史，当初以东欧为中心的土耳其帝国制度文物的发展是否西洋史的一部分？若是，为何一般西洋史的书中对此一字不提；若不是，土耳其帝国盛时的大部显然在欧洲。西历前的希腊与近数百年的希腊是否同一的属于西洋的范围？若说欧洲与地中海沿岸为西洋，起初不知有地中海的古巴比伦人为何也在西洋史中叙述？回教到底是否属于西洋？若不属西洋，为何一切西洋中古史的书中都为它另辟几章？若属于西洋，为何在西洋近代史的书中除不得不谈的外交关系外，把回教完全撇开不顾？欧洲新石器时代的文化与埃及文化有何关系？埃及已经开化之后，欧洲仍在新石器时代，但西洋通史的书中为何先叙述欧洲本部的石器文化，然后跳过大海去讲埃及？这些问题，以及其他无数可以想见的问题，不只一般人不能回答，去请教各种西洋史的作者，恐怕也得不了满意的答复。

“西洋”一词（The West 或 the Occident）在欧美人用来意义已经非常含混，到中国就更加空泛。我们若详为分析，就可看出“西洋”有三种不同的意义，可称为泛义的、广义的与狭义的。狭义的西洋专指中古以下的欧西，就是波兰以西的地方，近四百年来又包括新大陆。东欧部分，只讲它与欧西的政治外交关系，本身的发展并不注意，可见东欧并不属于狭义的西洋的范围。这是以日耳曼民族为主所创造的文化。我们日常说话用“西洋”一词时，心目中大半就是指着这个狭义的西洋。

广义的西洋，除中古与近代的欧西之外，又加上希腊罗马的所谓经典文化，也就是文艺复兴时代的所谓上古文化。讲思想学术文艺的发展的书中，与学究谈话时所用的“西洋”，就是这个广义的西洋。

泛义的西洋，除希腊、罗马与欧西外，又添上回教与地下发掘出来的埃及、巴比伦以及新石器时代，甚至再加上欧洲的旧石器时代。这是通史中的西洋，除了作通史的人之外，绝少这样泛用名词的。

对于希腊以前的古民族，欧美人往往半推半就，既不愿放弃，又不很愿意直截了当地称它们为“西洋”，而另外起名为“古代的东方”（The Ancient East 或 the Ancient Orient）。但希腊文化最初的中心点在小亚细亚，与埃及处在相同的经线上，为何埃及为“东”而希腊为“西”，很是玄妙。回教盛时，西达西班牙，却也仍说它是“东方”。同时，西洋通史又非把这些“东方”的民族叙述在内不可，更使人糊涂。总之，这都是将事实去迁就理论的把戏。泛义的西洋实际包括埃及、巴比伦、希腊、罗马、回教、欧西五个独立的文化，各有各的发展步骤，不能勉强牵合。至于欧洲的新石器时代，与这些文化有何关系，是到今日无人能具体说明的问题。这五个独立的文化在时间上或空间上或有交互的关系，但每个都有自立自主的历史，不能合并叙述。若勉强合讲，必使读者感觉头绪混乱。我们读西洋上古史，总弄不清楚，就是因为这个道理；中古史中关于回教的若即若离的描写，往往也令人莫测高深。把几个独立的线索，用年代先后的死办法，硬编成一个线索，当然要使读者越读越糊涂了。

欧西的人尽量借用希腊、罗马的文献，当经典去崇拜，所以两者之间较比任何其他两个文化，关系都密切。但推其究竟，仍是两个不同的个体。希腊、罗马文化的重心在小亚细亚西岸与希腊半岛，意大利半岛的南部处在附属的地位，北部是偏僻的野地，地中海沿岸其他各地只是末期的薄暮地带。今日希腊半岛的民族已不是古代的希腊民族，今日的意大利人也更不是古代的罗马人。真正的希腊人与罗马人已经消灭。至于欧西文化的重心，中古时代在意大利北部与日耳曼，近代以英、法、德三国最为重要。希腊半岛与欧西文化完全无关，最近百年才被欧西所同化。上古比较重要的意大利南部也始终处在附属的地位。地中海南岸与欧西文化也完全脱离关系。创造欧西文化的，以日耳曼人为主体，古罗马人只贡献一点不重要的血统。连今日所谓拉丁民族的法兰西、意大利、西班牙人中也有很重要的日耳曼成分；称它们为拉丁民族，不过是因为他们的语言大体是由古拉丁语蜕化而出。希腊、罗马文化与欧西文化关系特别密切，但无论由民族或文化重心来看，都绝不相同。其他关系疏远的文化之间，当然更难找同一的线索了。这是“正名”工作的第二种收获，使我们知道西洋一词到底何指。狭义的用法，最为妥当；广义的用法，还可将就；泛义的用法，绝要不得。

日常所谓“西洋史”既包括五个不同的文化，在人类所创造的独立文化中，除新大陆的古文化不计外，只有两个未包括在内，就是中国与印度。所以我们平常所谓“外国史”或“世界史”只比“西洋史”多一个印度。若因印度人与“西洋人”都属于印欧种而合同叙述，“外国史”或“世界史”就与“西洋史”意义相同了。这是“正名”的第三种收获，使我们知道三个名词的异同关系。

文化既是个别的，断代当然以每个独立的文化为对象，不能把几个不同的个体混为一谈而牵强分期。每个文化都有它自然发展消长的步骤，合起来讲，必讲不通；若把人类史认为是一个纯一的历史，必致到处碰壁，中国的殷周时代当然与同时的欧洲或西亚的历史性质完全不同，中古时代的欧西与同时的希腊半岛也背道而驰。我们必须把每个文化时间与空间的范围认清，然后断代的问题以及一切的史学研究才能通行无阻。这是“正名”的第四种收获，使我们知道人类历史并不是一元的，必须分开探讨。互相比较，当然可以；但每个文化的独立性必须认清。

在每个文化的发展中，都可看出不同的时代与变化。本文对中国特别注意，把中国史分期之后，再与其他文化相互比较，看看能否发现新的道理。

（二）中国史的分期

中国四千年来的历史可分为两大周。第一周，由最初至西元383年的淝水之战，大致是纯粹的华夏民族创造文化的时期，外来的血统与文化没有重要的地位。第一周的中国可称为古典的中国。第二周，由西元383年至今日，是北方各种胡族屡次入侵，印度的佛教深刻地影响中国文化的时期。无论在血统上或文化上，都起了大的变化。第二周的中国已不是当初纯华夏族的古典中国，而是胡汉混合、梵华同化的新中国，一个综合的中国。虽然无论在民族血统上或文化意识上，都可说中国的个性并没有丧失，外来的成分却占很重要的地位。为方便起见，这两大周可分开来讲。

华夏民族的来源，至今仍是不能解决的问题。我们只能说，在西前3000至前2000年间，日后华夏民族的祖先已定居在黄河流域一带。至于当初就居住此地,或由别处移来,还都是不能证明的事。在整个的第一周,黄河流域是政治文化的重心,长江流域处在附属的地位,珠江流域到末期才加入中国文化的范围。第一周,除所谓史前期之外,可分为五个时代:

(1) 封建时代(西前1300—前771年);

(2) 春秋时代(西前770—前473年);

(3) 战国时代(西前473—前221年);

(4) 帝国时代(西前221—西元88年);

(5) 帝国衰亡与古典文化没落时代(西元88—383年)。

在西元前3000年以后,黄河流域一带,北至辽宁与内蒙,渐渐进入新石器文化的阶段。除石器之外,还有各种有彩色与无彩色的陶器最足代表此期的文化。无彩色的陶器中有的与后来铜器中的鬲与鼎形状相同,证明此期与商周的铜器时代有连接的文化关系。与新石器时代遗物合同发现的骸骨与后世的华夏人,尤其北方一带的人大致相同,证明此期的人已是日后华夏民族的祖先。①

这些原始的中国人分部落而居,以渔猎或畜牧为生,但一种幼稚的农业,就是人类学家所谓锄头农业(hoe culture),已经开始。在西前2000年左右,这些部落似乎已进入新石器时代的末期,就是所谓金石并用期。石器、骨器、陶器之外,人类又学会制造铜器。农业的地位日趋重要,与农业相并进行的有社会阶级的产生。人民渐渐分为贵族巫祝的地主与平民的佃奴两个阶级。这

---

① Black, D.著 *The Human Skeletal Remains from Sha Kuo T'un*; *A Note on the Physical Characters of the Prehistoric Kansu Race.*

种阶级的分别直延到封建的末期，才开始破裂。部落间的竞争，继续不断，当初成百成千的部落数目逐渐减少。到西前1700年左右，或略前，有两个强大的部落出现，就是夏与商。夏当初大概比较盛强，许多小部落都承认它为上国。所以“夏”，“华夏”，或“诸夏”就成了整个民族的种名。但商是夏的死敌，经过长期的竞争之后，在西前1600年左右，商王成汤灭夏，所有的部落都被臣服，最早松散的半封建帝国，部落组成的帝国，由此成立。可惜此后三百年间的经过，我们完全不知道。但我们可断定，在西前1600年左右必已有一个比较可靠的历法，否则农业不能发达。同时必已发明文字，因为自成汤以下历代的王名都比较可靠，并且传于后代。

* * * * *

据《竹书纪年》，在西前1300年，盘庚迁殷。这是中国历史上第一个比较确定的年代，可认为封建时代的开始。关于此前三百年，我们只知商王屡次迁都；但此后三百年殷总是商王势力的中心。这或者证明前三百年间商王的共主地位只是名义上的。因势力不稳，而时常被迫迁都。或因其他的关系迁都；但因为势力微弱才能因小故而迁都，若势力稳固就不能轻易迁动国本。到盘庚时真正的封建制度与封建帝国才算成立，已不是许多实际独立的部落所组成的松散帝国。商王是所有部落的共主，又称天子，势力最少可达到一部分的部落之内，或者有少数的部落是被商王征服之后又封给亲信的人的。但无论当初的部落，或后封的诸侯，内政则大致自由，诸侯的地位都是世袭的。

后来周兴起于西方，据《竹书纪年》，于西前1027年灭商，代商为天子。武王周公相继把东方的领土大部征服，然后封子弟功臣为诸侯。所以周王的势力大于前此的商王,周的封建帝国也较商为强。但整个的制度仍是封建的,天子只直接统辖王畿,诸侯在各国仍是世袭自治的。

约在西前900年左右,封建帝国渐呈裂痕。诸侯的势力日愈强大,上凌共主的天子,下制国内的贵族。经过长期的大并小强兼弱之后,少数的大国实际变成统一的国家与独立的势力,天子不能再加干涉。西前860年左右,厉王即位,想要压迫诸侯,恢复旧日的封建帝国。这种企图完全失败,在西前842年,厉王自己也被迫退位。此后十四年间王位空虚,诸侯更可任意发展。迨宣王(西前827至前782年)即位之后,诸侯已非王力所能制服。戎人屡屡寇边,内中有诸侯的阴谋也未可知。宣王最后败于戎人,不能再起。幽王(西前781至前771年)的情形更为狼狈,最后并被戎人所杀。整个的西部王畿临时都遭戎人蹂躏。平王(西前770至前720年)不得已而东迁,封建共主的周王从此就成了傀儡。我们已进到列国为政治重心的春秋时代。

封建时代的精神生活为宗教所包办。自然界的各种现象都被神化。风伯、雨师、田祖、先炊、河伯以及无数其他的神祇充满天地间。最高的有无所不辖的上帝,与上帝相对的有地上最高灵祇的后土。除此之外,人与神的界限并不严明。所有贵族的人死后都成神,受子孙的崇拜。

*　*　*　*　*

“春秋”本是书名,书中纪年由西前722至前481年。但我们若完全为一本书所限,又未免太迂。若由前722年起,此前的五十年将成虚悬,无所归宿。以前481年为终点,还无不可,因为西元前五世纪初期的确是一个剧变的时期。但那一年并没有特殊的大事发生。此后三十年间可纪念的事很多，都可作为时代的终点。西前479年，孔子死；前477年，田桓割齐东部为封邑，田齐实际成立；前473年，越灭吴；前464年，《左传》终；前453年，《国策》始，就是韩、赵、魏灭智氏，三晋实际成立的一年。这都值得注意。《通鉴》始于韩、赵、魏正式为诸侯的前403年，认为战国的始点，略嫌太晚。我们定越灭吴的前473年为春秋战国之间的划界年，原因下面自明。

东迁以后，实际独立的列国并争，开始有了一个国际的局面。齐、晋、秦、楚四方的四个大国特别盛强，中原的一群小国成了大国间争夺的对象。这种争夺就是所谓争霸或争盟。大小诸国在名义上仍都承认周王的共主地位，但天子的实权早已消灭，他的惟一功用就是正式承认强力者为霸主。当初齐桓、晋文相继独霸中原。但楚国日趋盛强，使这种独霸的局面不能维持。秦在春秋时代始终未曾十分强大，齐自桓公死后也为二等国，天下于是就成了晋、楚争盟的均势局面。中原的北部大致属晋，南部大致属楚。

这些竞争的列国，内部大体都已统一。封建的贵族虽仍存在，诸侯在各国内部都已成了最高的实力者，贵族只得在国君之下活动，帮助国君维持国力。平民仍未参政，在国君的统治之下，贵族仍包揽政治。所以春秋可说是封建残余的时代。但贵族的势力，在各国之间也有差别。例如在秦、楚二国，贵族很为微弱；在晋国，贵族势力就非常强大，世卿各有封土，国君只有设法维持世卿间的均势才能保障自己的地位。但这种办法终非长久之策，最后世卿实际独立，互相征伐，晋君成为傀儡，晋国因而失去盟主的地位。但楚国并未利用这个机会北进，因为在东方有新兴的吴国向它不住地进攻，使它无暇北顾。吴的兴起是春秋的大变局。

吴国兴起不久，南边又崛起了一个越国，两国间的竞争就结束了春秋的局面。春秋时代的战争是维持均势的战争，大国之间并不想互相吞并。吴越的战争，性质不同。吴仍有春秋时代的精神，虽有机会，又有伍子胥的怂恿，但并未极力利用机会去灭越。然而越国一旦得手，就不再客气，直截了当地把第一等大国的吴一股吞并。这是战国时代的精神，战国的战争都是以消灭对方为目的的战争。所以春秋末期的变化虽多，吴越的苦战可说是最大的变化，是末次的春秋战争，也是初次的战国战争。越灭吴之年是最适当的划分时代的一年。

春秋大部的时间似乎仍在宗教的笼罩之下。但到末期，大局发生剧变，独立的思潮开始抬头。对时局肯用心深思的人大致分为三派。第一为迎合潮流，去参加推翻旧势力的工作的人。这种人可以邓析为代表，是专门批评旧制，并故意与当权者为难的人。①第二，为悲观派，认为天下大局毫无希望，只有独善其身，由火坑中求自己的超脱。这种隐士，孔子遇见许多；楚狂接舆、长沮、桀溺都是这一流的人。第三，就是孔子的一派，崇拜将要成为过去的，或大半已经成为过去的旧制度文物，苦口婆心地去宣传保守与复古。每到剧变的时代，我们都可遇到同样的三种人：为旧制辩护的人，反对旧制的人与逃避现实的纠纷的人。

*　　*　　*　　*　　*

“战国”一词的来源，不甚清楚。司马迁已用此名，可见最晚到汉武帝时已经流行。②《战国策》成书似在秦末或汉初或楚汉

---

① 《左传》定公九年；《吕氏春秋》卷十八《审应览》第六《离谓篇》。

② 《史记》卷十五《六国年表序》。

之际。[1] 但书名本来无定，不知当初“战国策”是否也为书名之一。[2] 若然，“战国”一词在秦汉之际已经通行。但很可能，在秦并六国之先，已有人感觉当时战争太多太烈，而称它为“战国”。所以这个名称不见得一定是后人起的，也须是当时人自定的。《战国策》卷六《秦策四》顿弱谓“山东战国有六”，卷二十《赵策三》赵奢谓“今取古之万国者分以为战国七”。可见“战国”一词起于当代。一般以为自《战国策》书名而来，乃是一个很自然而不正确的印象。

战国初期的一百年间是一个大革命的时代。三家分晋与田氏篡齐不过是最明显的表面变化，骨子里的情形较此尤为紧张。各国内部，除政治骚乱外，都起了社会的变化。封建残余的贵族都被推翻，诸侯都成了专制独裁的君主。所有的人民最少在理论上从此都一律平等，任何人都可一跃而为卿相，卿相也可一朝而堕为庶民。一切荣辱都操在国君手中。要在政治上活动的人，无论文武，都须仰国君的鼻息。同时，人民既然平等，就须都去当兵，征兵的制度开始成立。当兵已不是贵族的权利，而是全体人民的义务。所有的战争都是以尽量屠杀为手段，以夺取土地为目的的拼命决斗。周天子名义上的一点地位也无人再肯承认，一切客气的“礼乐”都已破坏无遗。这是中国历史上惟一全体人民参战的时代。

战争最烈的时代也是中国思想史上的黄金时代。各家争鸣，都想提出最适当的方案，去解决当前的严重问题。各派都认为当

---

① 六国中齐最后亡，齐亡时的情形，卷十三《齐策六》中有记载。卷三十一《燕策三》中又提到高渐离谋刺秦始皇的事，可见成书必在秦并六国之后。书中似乎没有汉的痕迹。

② 据刘向《战国策》目录，书名原有《国策》、《国事》、《短长》、《事语》、《长书》、《修书》六种。不知“国策”是否“战国策”的缩写。

设法使天下平定，最好的平定方法就是统一。但统一的方策各自不同。除独善其身的杨家和道家与专事辩理的名家外，儒、墨、法、阴阳四家都希望人君能实行他们的理想以平天下。除了法家之外，这些学说都不很切实际，最后平定天下的仍是武力。但秦并六国后却承认阴阳家的五德终始说，自认为以水德王。

*　　*　　*　　*　　*

西前221年，秦始皇创了自古未有的新局。前此无论名义如何，实际总是分裂的。自此以后，二千年间统一是常态，分裂是变局。但在二千年的统一中，以秦、西汉及东汉中兴的三百年间的统一为最长，最稳固，最光荣。二千年来的中国的基础可说都立于这三个世纪。秦始皇立名号，普遍的设立郡县，统一度量，同文，同轨。一般讲来，这都是此后历朝所谨守的遗产。中国的疆土在汉武帝时立下大致的规模，此后很少超出这个范围。

社会制度也凝结于此时。传统的宗法社会在战国时代颇受打击。商鞅鼓励大家族析为小家庭的办法，恐怕不限于秦一国，乃是当时普遍的政策。为增加人民对于国家的忠心，非打破大家族、减少家族内的团结力不可。这种政策不见得完全成功，但宗法制度必受了严重的摇撼。到汉代就把这种将消未消的古制重新恢复。在重农抑商的政策之下，秉持宗法的大地主阶级势力日盛。同时，儒教成为国教后，这个事事复古的派别使宗法社会居然还魂。丧服与三年丧是宗法制度的特殊象征。这种在春秋时代已经衰败，在战国时代只是少数儒家迂夫子的古董的丧制，到汉代又渐渐重建起来。①

① 关于此点，两《汉书》中材料太多，不胜枚举。关于汉儒的丧服理论，可参考《白虎通》卷四。

帝国成立之后，争鸣的百家大半失去存在的理由，因而无形消灭。若把此事全都归咎于秦始皇的焚书，未免把焚书的效能看得太高。只有儒、道、阴阳三家仍继续维持，但三者的宗教成分都日愈加重。孔子虽始终没有成神，但素王也演化为一个很神秘的人格。道家渐渐变成道教；鬼神、符箓、炼丹、长生的各种迷信都成了它的教义。阴阳家自始就富于神秘色彩，至此儒道两家都尽量吸收它的理论。汉的精神界可说是儒、道、阴阳合同统治的天下。

* * * * *

和帝一代（西元 89 至 105 年）是重要的过渡时期。此前三百年间，除几个短期的变乱之外，帝国是一致的盛强的。由和帝以下，帝国的衰退日益显著。内政日坏，外族的势力日大，最后北部边疆的领土实际都成了胡人的殖民地。民族的尚武精神消失，帝国的军队以胡人为主干。在这种内外交迫的局势之下，大小的变乱不断发生。羌乱，党锢之祸，黄巾贼，十常侍之乱，董卓之乱，李傕、郭汜之乱，前后就把帝国的命运断送。经过和帝以下百年的摧残之后，天下四分五裂，帝国名存实亡。三国鼎立之后，晋虽临时统一，但内部总不能整顿，外力总不能消灭。勉强经过三个魏晋的百年挣扎之后，胡人终于把中原占据，汉人大批的渡江南迁。

同时，精神方面也呈现相似的衰颓状态。儒教枯燥无味，经过几百年的训诂附会之后，渐渐被人厌弃。比较独立的人都投附于一种颓废的老庄学说，就是所谓清谈。平民社会的迷信程度日愈加深，一种道教会也于汉末成立。在这种种无望的情形下，佛教暗中侵入。当初还不很惹人注意，但自汉末以下势力日大，与无形中侵蚀土地的胡人同为威胁传统中国的外力。

胡人起事的八十年后（西元 383 年），北方临时被外族统一，苻坚决意要渡江灭晋，统一天下。淝水之战是一个决定历史命运的战争。当时胡人如果胜利，此后有否中国实为问题。因为此时汉族在南方的势力仍未根深蒂固，与后来蒙古、满清过江时的情形大不相同。不只珠江流域尚为汉族殖民的边区，连江南也没有彻底的汉化，蛮族仍有相当的势力，①汉人仍然稀少。胡人若真过江，南方脆弱的汉族势力实有完全消灭的危险。南北两失，汉族将来能否复兴，很成问题。即或中国不至全亡，最少此后的历史要成一个全新的局面，必与后来实际实现的情形不同。东晋在淝水虽占了上风，中国所受的冲动已是很大。此后二百年间，中国的面目无形改变。胡、汉两族要混合为一，成为一个新的汉族，佛教要与中国文化发生不可分的关系。中国文化已由古典的第一周进到胡人血统与印度宗教被大量吸收的第二周了。

*　　*　　*　　*　　*

胡人的血统在第一周的末期开始内浸，在整个第二周的期间都不断地渗入。一批一批的北族向南推进，征服中国的一部或全部，但最后都与汉人混一。惟一的例外就是蒙古。北族内侵一次，汉族就大规模地渡江向南移殖一次。在第一周处在附属地位的江南与边疆地位的岭南，到第二周地位日见提高，政治上成了一个重要的区域，文化上最后成了重心。

佛教也是在第一周的末期进入中国，但到第二周才与中国文化发生了化学的作用。中国文化原有的个性可说没有丧失，但所有第二周的中国人，无论口头上礼佛与否，实际没有一个人在他的宇宙人生观上能完全逃脱佛教的影响。

---

① 《宋书》卷九十七《夷蛮列传》；《南史》卷七十九《诸蛮列传》。

第二周也可分为五期：

（1）南北朝、隋、唐、五代（西元383—960年）；

（2）宋代（西元960—1279年）；

（3）元明（西元1279—1528年）；

（4）晚明盛清（西元1528—1839年）；

（5）清末中华民国（西元1839年以下）。

第一周的时代各有专名，第二周的时代只以朝代为名。这并不是偶然的事。第二周的各代之间仍是各有特征，但在政治社会方面一千五百年间可说没有什么本质的变化，大体上只不过保守流传秦汉帝国所创设的制度而已。朝代的更换很多，但除强弱的不同外，规模总逃不出秦汉的范围。只在文物方面，如宗教，哲学，文艺之类，才有真正的演变。最近百年来，西化东渐，中国文化的各方面才受了绝大的冲动，连固定不变的政治社会制度也开始动摇。

* * * * *

南北朝①、隋、唐、五代是一个大的过渡、综合与创造的时代。

① “南北朝”在中国史学上是一个意义极其含混的名词。《南史》与《北史》同为李延寿一人所撰，但《北史》始于拓跋魏成立的西元386年，终于隋亡的618年；《南史》始于刘宋成立的420年，终于陈亡的589年。所以《北史》的首尾都超过《南史》。关于南北朝的始点，有人用386年，有人用420年，又有人用魏统一北方的439年。关于终点，隋亡的年当然不可用，因为当时已非南北分立的局面；一般多用隋灭陈而统一天下的589年，可算非常恰当。关于南北朝的始点，很难武断的规定。当然五胡起事的304年或东晋成立于江南的317年都可认为是南北分立的开始。但当初的局面非常混沌，一般称此期为“五胡乱华”的时期，十分妥当。386与420两年，除两个朝代的创立之外，并没有特殊的重要，439年又嫌太晚，都不应定为时代的开始。到淝水战后，北方已很明显地要长期丧于胡人，同时胡人也觉悟到长江天险的不易飞渡，南北分立的局面至此才算清楚，分立局面下种族与文化的酝酿调和也可说由此开始。所以我们不只把383年当为南北朝的开始年，并且定它为第二周的起发点。

南北朝的二百年间,北方的胡族渐与汉人同化,同时江南的蛮人也大半被汉族所同化。到隋统一宇内的时候,天下已无严重的种族问题,所以这个新的汉族才能创造一个媲美秦、汉的大帝国。同时,在南北朝期间,新旧文化的竞争也在夷夏论辩与三教合一的口号之下得到结束。在汉代,佛教并未被人注意,因为当时那仍是一个不足注意的外来势力。到南北朝时佛教大盛。以儒、道为代表的旧文化开始感到外力的威胁,于是才向所谓夷狄之教下总攻击。由《弘明集》中我们仍可想见当时新旧文化竞争的紧张空气。这种竞争到种族混一成功时也就告一段落,佛教已与旧有的文化打成一片,无需再有激烈的争辩。调和一切、包含一切的天台宗恰巧此时成立,并非偶然。同时,中国式的佛教的最早创作也于此时出现,就是有名的《大乘起信论》。① 伟大的隋、唐帝国与灿烂的隋、唐文化都可说是南北朝二百年酝酿的结果。

隋、唐的天子在内称皇帝,对外称"天可汗",象征新的帝国是一个原由胡、汉混成,现在仍由胡、汉合作的二元大帝国。所以外族的人才时常被擢用,在《唐书》的列传里我们可遇到很多的外族人。佛教的各派,尤其像华严宗、法相宗、禅宗一类或内容宏大或影响深远的派别,都在此时发展到最高的程度。完全宗教化的净土宗也在此时泛滥于整个的社会,尤其是平民的社会。在唐代文化结晶品的唐诗中,也有丰富的释家色彩。

历史上的平淡时代可以拉得很长,但光荣的时代却没有能够持久的。隋、唐的伟大时代前后还不到二百年,安史之乱以后不只政治的强盛时期已成过去,连文化方面的发展也渐微弱。藩

① 见梁启超《大乘起信》、《论考证》。

镇、宦官与新的外祸使帝国的统一名存实亡;五代时的分裂与外祸不过是晚唐情形的表面化。在文化方面发生了复古的运动,韩愈、李翱一般人提倡一种新的儒教,以老牌的孔孟之道相号召。佛教虽仍能勉强维持,极盛的时期却已过去,宋代的理学已经萌芽。所以南北朝、隋、唐、五代代表一个整个的兴起,极盛与转衰的文化运动。

*　　*　　*　　*　　*

宋代的三百年间是一个整理清算的时代。在政治社会方面,自从大唐的二元帝国破裂之后,中国总未能再树立健全的组织,国力总不能恢复。二百年来的分裂割据局面到960年算是告一段落,但各种难题仍未解决。隋、唐短期间所实行的半征兵制度的府兵早已破裂,军队又成了不负责任的流民集团。财政的紊乱与人民负担的繁重也是一个极需下手解决的问题。隋、唐时代的科举制度至此已成为死攻儒经的呆板办法,真正的人才难以出现,国家的难题无人能出来应付。在这种种的情形之下,宋连一个最低限度的自然国境都不能达到,也无足怪。不只外族的土地,寸尺不能占有,连以往混乱期间所丧失的河西与燕云之地也没有能力收复。这是中国本部东北与西北的国防要地,若操在外人手里,中国北方的安全就时刻感到威胁。宋不只无力收复,并且每年还要与辽夏入贡(巧立名目为“岁币”),才得苟安。

整个的中国显然是很不健全,极需彻底的整顿。王安石变法代表一个面面俱到的整理计划,处处都针对着各种积弊,以图挽回中国的颓运。但消极、破坏与守旧的势力太强,真正肯为革新运动努力的人太少,以致变法的运动完全失败。不久中原就又丧于外人,宋只得又渡江偏安。最后连江南都不能保,整个的中国第一次亡于异族。

在思想方面也有同样的整顿运动,并且这种企图没有像政治社会变法那样完全失败。无论衷心情愿与否,中国总算已经接受了外来的佛教,永不能把它摈除。但人类一般的心理,无论受了别人如何大的影响,在口头上多半不愿承认。实际中国并未曾全部印度化,中国的佛教也不是印度的佛教,但连所吸收的一点印度成分中国也不愿永久袭用外来的招牌。宋代理学的整顿工作,可说是一种掉换招牌的运动。在以往,中国参考原有的思想,尤其是道家的思想,已创了一个中国式的佛教。现在中国人要把这种中印合璧的佛教改头换面,硬称它为老牌的古典文化,就是儒教。宋代诸子最后调和了中国式的佛教,原有的道教,与正统的儒教,结果产生了一种混合物,可称为新儒教。这种结果的价值难以断定,但最少不似政治社会方面整顿计划的那样明显的失败。

*　*　*　*　*

元、明两代是一个失败与结束的时代。一百年间整个的中国初次受制于外族。五胡、辽、金所未能实现的,至此由蒙古人达到目的。这是过度保守、过度松散的政治社会的当然命运。蒙古人并且与此前的外族不同,他们不要与中国同化,还要鼓励汉人摹仿蒙古的风俗习惯,学习蒙古的语言文字。所以中国不只在政治上失败,文化上也感到空前的压迫。但蒙古人虽不肯汉化,不久却也腐化,所以不到百年就被推翻。

明是唐以后惟一的整个中国自治统一的时代,不只东北与西北的国防要地完全收复,并且塞外有军事价值的土地也被并入帝国的范围。这种局面前后维持了二百年,较宋代大有可观。但这种表面上的光荣却不能掩盖内里的腐败。科举制度最后僵化为八股文的技术，整个民族的心灵从此就被一套一套的口头禅所封闭，再求一个经世的通才已办不到。宋代还能产生一个王安石，到明代要找一个明了王安石的人已不可得。此外，政治的发展也达到腐败的尽头。廷杖是明代三百年间的绝大羞耻。明初诛戮功臣的广泛与野蛮，也远在西汉之上；汉高情有可原，明祖绝不可恕。[①] 成祖以下二百余年间国家的大权多半操在宦官手中，宦官当权成了常制，不似汉唐的非常情形。有明三百年间，由任何方面看，都始终未上轨道，整个的局面都叫人感到是人类史上的一个大污点。并且很难说谁应当对此负责。可说无人负责，也可说全体人民都当负责。整个民族与整个文化已发展到绝望的阶段。

在这种普遍的黑暗之中，只有一线的光明，就是汉族闽粤系的向外发展，证明四千年来惟一雄立东亚的民族尚未真正的走到绝境，内在的潜力与生气仍能打开新的出路。郑和的七次出使，只是一种助力，并不是决定闽粤人南洋发展的主要原动力。郑和以前已有人向南洋活动，郑和以后，冒险殖民的人更加增多，千百男女老幼的大批出发并非例外的事。[②] 有的到南洋经商开矿，立下后日华侨的经济基础。又有的是冒险家，攻占领土，自立为王。后来西班牙人与荷兰人所遇到的最大抵抗力，往往是出于华侨与中国酋长。汉人本为大陆民族，至此才开始转换方向，一部分成了海上民族，甚至可说是尤其宝贵难得的水陆两栖民族！

---

① 赵翼:《廿二史劄记》卷三十二《胡蓝之狱》。

② 赵翼:《廿二史劄记》卷三十四《海外诸番多内地人为通事》。

元、明两代的思想界也与政治界同样的缺乏生气。程朱思想在宋末已渐成正统的派别，明初正式推崇程朱之学，思想方面更难再有新的进展。到西元1500年左右，才出来一个惊人的天才，打破沉寂的理学界。王阳明是人类历史上少见的全才。政治家，军事家，学者，文人，哲学家，神秘经验者：一身能兼这许多人格，并且面面独到，传统的训练与八股的枷锁并不能消磨他的才学，这是何等可惊的人物！他是最后有贡献的理学家，也是明代惟一的伟人，他死的1528年可定为划时代的一年。那正是明朝开始衰败，也正是将来要推翻传统中国的魔星方才出现的时候。约在他死前十年，葡萄牙人来到中国的南岸。后来使第二周的中国土崩瓦裂的就是他们所代表的西洋人。

* * * * *

晚明盛清是政治文化完全凝结的时代。元、明之间仍有闽、粤人的活动，王阳明的奇才，足以自负。明末以下的三百年间并没有产生一个惊人的天才，也没有创造一件值得纪念的特殊事业，三世纪的功夫都在混混沌沌的睡梦中过去。

明末的一百年间，海上的西洋人势力日大，北方前后有鞑靼、日本与满洲的三个民族兴起。这四种势力都有破灭日见衰颓的明朝的可能。西洋人的主要视线仍在新大陆、印度与南洋，未暇大规模地冲入中国，蒙古的鞑靼在四种势力中是最弱的，后来受了中国的牢笼，未成大患。日本若非丰臣秀吉在紧要关头死去，最少征服中国北部是很可想见的事。最后成功的是满洲，整个的中国第二次又亡于异族。但满人与蒙古人不同，并不想摧残中国传统的文化，他们自己也不反对汉化。他们一概追随明代的规模，一切都平平庸庸。但有一件大事，可说是满清对汉族的一个大贡献，就是西南边省的汉化运动。云南、贵州的边地，虽在汉代就被征服，但一直到明代仍未完全汉化，土司与苗族的势力仍然可观。清世宗用鄂尔泰的计划，行改土归流的政策，鼓励汉人大批移殖，劝苗人极力汉化，在可能的范围内取消或减少土司的势力，增加满汉流官的数目与权势。至此云、贵才可说与中国本部完全打成一片。这虽不像明代闽粤兴起的那样重要，但在沉寂的三百年间可说是惟一影响远大的事件了。

王阳明以后，理学没有新的进展。盛清时的智力都集中于训诂考据。这虽非没有价值的工作，但不能算为一种创造的运动；任何创造似乎已不是此期的人所能办到。

* * * * *

鸦片战争以下的时代，至今还未结束，前途的方向尚不可知。但由百年来的趋势，我们可称它为传统政治文化总崩溃的时代。中国民族与文化的衰征早已非常明显，满人经过二百年的统治之后，也已开始腐化。在政治社会方面，不见有丝毫复兴的希望；精神方面也无一点新的冲动。在这样一个半死的局面之下，青天霹雳，海上忽然来了一个大的强力。西洋有坚强生动的政治机构，有禀性侵略的经济组织，有积极发展的文化势力；无怪中国先是莫测高深，后又怒不可遏，最后一败涂地。直到最近对于西洋的真相才有一个比较正确的认识。最足代表传统文化的帝制与科举都已废除，都市已大致西洋化，乡间西化的程度也必要日益加深。中国文化的第二周显然已快到了结束的时候。但到底如何结束，结束的方式如何，何时结束，现在还很难说。在较远的将来，我们是否还有一个第三周的希望？谁敢大胆地肯定或否定？

(三) 中国史与世界史的比较

以上中国历史的分期不能说是绝对的妥当,但可算为一种以时代特征为标准的尝试分期法。专讲中国史,或者看不出这种分期有何特殊的用处,但我们若把中国史与其他民族的历史比较一下,就可发现以前所未觉得的道理。由人类史的立场看,中国历史的第一周并没有什么特别,因为其他民族的历史中都有类似的发展。任何文化区,大概起初总是分为许多部落或小国家,多少具有封建的意味。后来这些小国渐渐合并为少数的大国,演成活泼生动的国际局面。最后大国间互相兼并,一国独盛,整个的文化区并为一个大帝国。这种发展,在以往的时候可说是没有例外的。在比较研究各民族的历史时,整个文化区的统一是一个不能误会的起发点。统一前的情形往往过于混乱,因为史料缺乏,头绪常弄不清。并且有的民族关于统一前能有二千年或二千年以上的史料,例如埃及与巴比伦;有的民族就几乎全无可靠的史料,例如印度。但这是史料存亡的问题,不是史迹演化的问题。史料全亡,并不足证明时代的黑暗或不重要。关于统一前的史料,知道比较清楚的,大概是埃及、希腊、罗马与中国的三个例子。由这三个文化区历史的比较,我们大致可说民族间发展的大步骤都有共同点可寻,并且所需时间的长短也差不多。希腊各小国的定居约在西前1200年,帝国的实现约在西前100年,[①]前后约一千一百年的功夫。中国由

① 普通的书都以第一个皇帝出现的西前31或30年为罗马帝国开始的一年。实际在西前100年左右整个的地中海区已经统一,帝国已经成立。

盘庚到秦并六国也是一千一百年。埃及最早定局似在西前3000至前2800年间，统一约在西前1600年，前后约一千二百至一千四百年的功夫，较前两例略长，但埃及的年代至今尚多不能确定。我们可说一个文化区由成立到统一，大致不能少于一千年，不能多于一千五百年。以此类推，其他民族的历史可以大体断定。例如关于印度帝国成立前的历史，除了北部被希腊人一度征服外，我们几乎一件具体的事都不知道。但印度帝国成立于西前321年，所以我们可推断雅利安人在印度北部定居，建设许多小国，大概是在西前1400年或略前。关于巴比伦的历史，地下的发现虽然不少，但头绪非常混乱，年代远不如埃及的清楚。但巴比伦帝国成立于西前2100至前2000年间，所以我们可知巴比伦地域最初呈显定局是在西前3100年或略前。[①] 这种由详知的例子推求不详的例子的方法，是我们细密分期的第一个收获。

这个方法虽不能叫我们未来先知，但或可使我们对将来的大概趋势能比较认清。今日世界上最活动的文化当然是最初限于欧西、今日普及欧美并泛滥于全球的西洋文化。如果可能，我们很愿知道这个有关人类命运的文化的前途。如果西洋文化不是例外，它大概也终久要演到统一帝国的阶段。但这件事何时实现，比较难说，因为西洋文化当由何时算起，仍无定论。西洋文化的降生，在西罗马帝国消灭以后，大概无人否认。但到底当由何年或何世纪算起，就有疑问了。我们可改变方法，从第一时代的末期算起。

① 回教文化的问题过于复杂，争点太多，为免牵涉太远，本文对回教的历史一概从略。对此问题有兴趣的人可参考 Oswald Spengler 著 *Decline of the West* 与 Arnold J. Toynbee 著 *A Study of History*。

一个文化区都以封建式的分裂局面为起发点。这种局面在中国结束于西前770年左右，距秦并天下为五百五十年的功夫。在希腊，这种局面（一般称为“王制时代”）约在西前650年左右结束，距罗马帝国的成立也为五百五十年。埃及方面因史料缺乏，可以不论，但中国与希腊的两例如此巧合，我们以它为标准或者不致大误。西洋封建与列国并立的两时代，一般以西元1500年左右为枢纽；以此推算，西洋大帝国的成立当在西元2050年左右，距今至少尚有一世纪的功夫。西洋现在正发展到中国古代战国中期的阶段。今日少数列强的激烈竞争与雄霸世界，与多数弱小国家的完全失去自主的情形，显然是一个扩大的战国；未来的大局似乎除统一外，别无出路。

我们以上所讲的两点，都限于所谓文化的第一周。第二周尚未谈及，因为中国文化的第二周在人类史上的确是一个特殊的例外。没有其他的文化，我们能确切的说它曾有过第二周返老还童的生命。埃及由帝国成立到被波斯征服（西前525年）因而渐渐消灭，当中只有一千一百年的功夫。巴比伦由帝国成立到被波斯征服（西前539年）与消亡最多也不过有一千五百年左右的功夫。罗马帝国，若以西部计算，由成立到灭亡（一般定为西元476年）尚不到六百年。所谓东罗马帝国实际已非原来希腊罗马文化的正统继承者，我们即或承认东罗马的地位，罗马帝国由成立到灭亡（西元1453年）也不过一千五百五十年的功夫。中国由秦并六国到今日已经过二千一百五十余年，在年代方面不是任何其他文化所能及的。罗马帝国一度衰败就完全消灭，可以不论。其他任何能比较持久的文化在帝国成立以后也没有能与中国第二周相比的伟大事业。中国第二周的政治当然不像第一周那样健全，并且没有变化，只能保守第一周末期所建的规模。但二千年间大体能维持一个一统帝国的局面，保持文化的特性，并在文化方面能有新的进展与新的建设，这是人类史上绝无仅有的奇事。其他民族，不只在政治上不能维持如此之长，并且在文化方面也绝没有这种二度的生命。我们传统的习性很好夸大，但已往的夸大多不中肯；能创造第二周的文化才是真正值得我们自夸于天地间的大事。好坏是另一问题，第二周使我们不满意的地方当然很多，与我们自己的第一周相比也有逊色。但无论如何，这在人类史上是只有我们曾能作出的事，可以自负而无愧。

惟一好似可与中国相比的例子就是印度。印度帝国的成立比中国还早一百年，至今印度文化仍然存在。但自阿育王的大帝国（西前三世纪）衰败之后，印度永未盛强。帝国成立约四百年后，在西元100年左右，印度已开始被外族征服，从此永远未得再像阿育王时代的伟大与统一，也永不能再逃出外族的羁绊。此后只有两个真正统一的时代，就是十六与十七世纪间的莫卧儿帝国与近来英国统治下的印度帝国，都是外族的势力。在社会方面，佛教衰败后所凝结成的四大阶级与无数的小阶级，造出一种有组织而分崩离析的怪局。即或没有外族进攻，印度内部互相之间的一笔糊涂账也总算不清。所以在政治方面印度不能有第二周。在宗教与哲学方面，印度近二千年间虽非毫无进展，但因印度人缺乏历史的观念，没有留下清楚可靠的史料，我们只有一个混沌的印象，不能看出像中国佛教与理学发展的明晰步骤。所以在文化方面，中国与印度也无从比较。第二周仍可说是我们所独有的事业。

这种独到的特点，可使我们自负，同时也叫我们自惧。其他民族的生命都不似中国这样长，创业的期间更较中国为短，这正如父母之年长叫我们“一则以喜，一则以惧”。据普通的说法，喜的是年迈的双亲仍然健在，惧的是脆弱的椿萱不知何时会忽然折断。我们能有他人所未曾有的第二周，已是“得天独厚”。我们是不是能创出尤其未闻的新纪录，去建设一个第三周的伟局？

下　　编

总论
——抗战建国中的中国

上编的几篇文字，都是抗战前发表的，是著者对于传统文化的认识与批评。抗战开始以后，著者对中国文化的意义虽不免有新的探讨，旧日的见解大体上却未变更。但前此的注意力集中于传统文化的弱点，对于中华民族的坚强生力，只略为提及，并未特辟一篇去解释，因为夸大的文章历来很多，无需再加一人去凑热闹。但抗战开始以后，这种缄默已不能继续维持了。"此次抗战在历史上的地位"一文，就是抗战半年后，著者于二十七年元旦后一星期所作。主题是解释此次抗战的意义与士兵之所以英勇；若与上编"中国的家族"一篇互相参照，就可明白此次的惊人抗战绝非偶然，乃是二千年前大汉帝国人口政策的成功与二千年来南方新天地的建设所赐与的。这两个特殊情形，是我们在所有的古老民族中所独有的，也是我们虽老而仍富有朝气的基本原因。

除论抗战英勇的主题外，该篇也附带提到后方人士，尤其智识阶级的太不争气。当时作者身在长沙，深感后方景象的使人啼笑皆非。时至今日，重印合刊时，此种附论似可删去。但当合刊工作的开始整理期间（民国二十七年十月），恰值昆明初遭敌机轰炸，一般的动态又与年前的长沙如出一辙。素日领受微薄薪饷并被人轻视的大兵，在前方喋血抵抗；而处在安全的后方，多年享受国家的高位厚禄,承受社会的推崇尊敬的自命优秀分子,反倒庸人自扰,仍要向自认为尤其安全的地带逃难,还能硬着面皮,以残废老弱自居,而美其名曰“疏散”——凡略有自觉心的人,对此能不太感难堪?此种行动,无论平日如何善于自辩自解的人,午夜扪心自问,恐怕也难否认为尸位素餐吧!难道向日处在社会领导地位的人,对于生死的意义与价值,也无半点了解?生,固然可贵;但是不惜任何代价以求苟生,还不如死!士兵的英勇,真可谓非常而可钦;后方有责者的狂逃,实在是反常而可耻。负有军事政治责任的人,当然不必说。就是负有与军政无直接关系的职责者,除非所在地于最近的将来有沦为战区的危险,都不当逃避。至以昆明而论,若到这个最后方的都市也将沦为战区的时候,中国就真到了山穷水尽的境地。到那时,残余的士兵或者仍可去作游击队;一般胆小如鼠的优秀分子,救得个人的一条残生,不知尚有何用?此次抗战真有神怪小说中照妖镜的作用。各种平日善于变化、善于掩饰的人物,在强烈的光照磨炼之下,都不得不就地一滚,原形出现;而平日许多好似庸碌呆板的圆颅方趾动物,至此倒证明是十足兑现的真人。

因有上面的一点感想,所以原文中的一段无聊牢骚也不删去,将来或可作为此次英勇抗战的一点反面史料!

可耻的景象虽不可免,但著者仍认为前途是光明的。不可救药的分子在抗战期间与抗战之后,必大半要被淘汰。建国运动虽非三年五载的简易事业,但不久的未来必能成功。“在望的第三周文化”一篇中的意见,就是著者对于前途的希望与信仰。

六、此次抗战在历史上的地位

此次抗战不只在中国历史上是空前的大事,甚至在整个人类历史上也是绝无仅有的奇迹。我们若把中国与其他古老文化比较一下,就可得到惊人的发现。埃及文化由生到死,不过三千年。公元前三百年左右被希腊征服,渐渐希腊化。后来又被回教徒征服,就又阿拉伯化。今日世界上已没有埃及人,埃及文字,或埃及文化;今日所谓埃及的一切,都是阿拉伯的一部分。巴比伦文化的寿命与埃及相同,也同时被希腊征服,后来又阿拉伯化。希腊、罗马文化寿命更短,由生到死不过二千年;今日的希腊不是古代的希腊,今日的意大利更不是古代的罗马。至于中国,由夏、商之际到今日,将近四千年,仍然健在。并且其他古族在将亡时,都颓靡不振,不只没有真正抵抗外患的力量,甚至连生存的意志也大半失去。它们内部实际先已死亡,外力不过是来拾取行尸走肉而已。至于我们此次抗战的英勇,是友邦军事观察家所同声赞许的,连敌人方面的军事首领有时也情不自已地称赞一声。我们虽然古老,但我们最好的军队可与古今任何正在盛期的民族军队相比,这是值得大书特书的。我们有一部分的军队或者不能尽如人意,但略为研究军事历史的人都知道任何时代、任何民族的军队也有因暂受挫折而纪律松弛的现象,也都有因缺乏经验而战力不佳的现象。

并且我们不要忘记今日中国的军队不是征兵，而是募兵。征兵虽也有缺点，但只有征兵才是长久可靠的军队。我们只有募兵，而其效能已几乎与征兵相等，这又是人类历史上稀有的奇事。半年以来，我们大部的军队可以告无罪于国家民族；倒是后方的人，尤其是太平时代说话最响亮的人，当下一番忏悔的功夫。我们的前方，大致尚可与欧战时列强的前方相比；我们后方有责任、有职守者的慌张飞逃，却与欧战时各国后方的镇静安详成反比例。这只足证明，连许多平日自诩甚高的人也没有达到征兵的程度，也就是说，还没有国民的资格。谈到此点，我们对前方将士的英勇更当感愧；若再埋怨他们不肯出力，使得我们不得不于敌人仍在数百里以至千里之外的时候三番两次的飞寻乐土，那就未免太无自知之明了。说得干脆一点，若看后方的情景，我们只配有纪律不佳与战力缺乏的军队！

中国文化的寿命为何如此之长？今日因何能有如此英勇的抗战？中国至今存在，因为中国曾经返老还童，而别的文化一番衰老后就死去。每个文化发展的步骤，都是先由分裂的部落或封建的小国开始。后来小国合并为大国，列国竞争，国际的局面日愈紧张，国际的战争日愈激烈。最后一国出来吞并列国、统一天下，成了笼罩整个文化区的大帝国。帝国是文化的末期，此后只有衰弱再分裂，以至于灭亡。别的民族至此都不能再维持。只有中国，于秦汉统一大帝国之后，虽也经过三国六朝的短期消弱，但后来却又复兴。复兴之后，政治制度虽不再有多少更革，文化潮流却代有进展。这是其他民族的历史上所绝无的现象。我们可称南北朝以下为中国文化的第二周，与第一周的文化潮流列表比较如下，就可一目了然：

时代 周	宗教时代	哲学时代	哲学派别化的时代	哲学消灭与学术化的时代	文化破裂时代
第一周	殷商、西周(公元前1300—前771年) 殷墟宗教,周代宗教	春秋时代(公元前770—前473年) 邓析,楚狂接舆,孔子	战国时代(公元前473—前221年) 六家	秦汉与东汉中兴(公元前221—88年) 经学训诂	东汉末至淝水之战(公元89—383年) 思想学术并衰,佛教之输入
第二周	南北朝隋唐,五代(公元383—960年) 佛教之大盛	宋代(公元960—1279年) 五子,陆象山	元明(公元1279—1528年) 程朱派,陆王派	晚明盛清(公元1528—1839年) 汉学考证	清末以下(公元1839年以下) 思想学术并衰,西洋文化东渐

我们由上表可知中国文化前后有过两周,其他文化都只有第一周,绝无第二周,都是一衰而不能复振。这一点是我们大可自豪于天地间的。我们不只寿命长,并且没有虚度我们的光阴,各代都能翻点新的花样。

中国文化为何能有第二周?这个问题与上面尚未解答的今日为何能如此英勇抗战的问题,可以一并回答。中国文化的第二周可说是南方发展史。古代的中国限于中原,长江流域乃是边地,珠江流域根本与中国无关。秦汉时代奠定了三大流域的中国,但黄河流域仍为政治文化的重心。五胡乱华以后,南方逐渐开拓。此后每经一次外患,就有大批的中原人士南迁。五胡乱华,五代之乱,与宋室南渡时南迁的人数尤多。并且一般的讲来,南迁的人是民族中比较优秀的分子,因为他们大多都是不肯受外族统治而情愿冒险跋涉的人。并且沿路的困苦危险远非火车轮船汽车飞机的今日可比。因而冒险南下的人中，又有一批被淘汰。到了环境迥异的南方之后，在卫生知识与卫生设备两缺的前代，因不能适应而死去的人，恐又不少。最后得机会开发南方的可说是优秀分子中选择出来的优秀分子。所以二千年来，虽因外患来自北方而统一的首都始终设在中原，然而南方经济与文化的地位一代比一代重要，人口一代比一代繁殖，到最后都远超中原之上。此点可由种种方面证明，但由行政区域的划分可最清楚、最简单地看出南北消长的痕迹，因为行政区域的划分大致是以人口与富力为标准的。春秋战国时代，除楚国与倏起倏灭的吴、越二国之外，所有的列国都在北方，可以不论。汉武帝分天下为十三部，北方占其八：司隶、豫州、冀州、兖州、青州、幽州、并州、凉州；南方占其五：徐州、荆州、扬州、益州、交州。此时北仍重于南，是没有问题的。唐太宗分天下为十道，南北各占五道。北为陇右、关内、河东、河北、河南；南为淮南、山南、剑南、江南、岭南。经过晋室南渡与南北朝二三百年的对峙之后，南方已发展到与北方平衡的地步。北宋分天下为十五路，北方五路：京东、京西、河北、河东、陕西；南方十路：淮南、江南、荆湖南、荆湖北、两浙、福建、西川、峡西、广南东、广南西。此时虽然北方失燕云于辽，失河西于夏，然而南北的悬殊仍甚可异，可见此时北方已较南方落后，唐末与五代的大乱必与此有关。再经过宋室南迁与一度偏安之后，到明代虽然燕云与河西都已收复，然而二直隶十三布政司中，北方仍只占其五：京师、山东、山西、陕西、河南；南方占其十：南京、浙江、福建、江西、湖广、四川、广东、广西、贵州、云南。满清十八省，北占其六：直隶、山东、山西、河南、陕西、甘肃；南占十二：江苏、浙江、安徽、福建、江西、湖北、湖南、广东、广西、四川、贵州、云南。到明清时代，很显然的，中原已成南方的附庸了。富力的增加,文化的提高,人口的繁衍,当然都与此有关。这种发展是我们第二周文化的最大事业。在别的民族已到了老死的时期,我们反倒开拓出这样一个伟大的新天地,这在人类历史上是无可比拟的例外。

此次抗战,虽然是全国参加,但因人力物力的关系,抗战的重心在南方,也是无可讳言的。这可说是我们休养生息了两千年的元气,至此拿出与亘古未有的外患相抗。因为以往外患都在北方,又因军队都是募兵,所以兵士大半都是由政府就地招编,当然以北人居多。历代对外失败,可说都限于北方,失败后就又有一批人士南迁。民族元气大宝藏的南方力量,此前向无机会施展。偏安与割据的时代,南方当然有自己的军队,但都无足轻重。蒙古入主中国,编南人为新附军,也无重要地位。南方人士编成有用的大军,是满清时代的事。嘉庆初年川楚教匪之乱,官兵无用,平乱大半依靠乡勇。这是南兵第一次大显身手的例证。后来的太平天国与湘军,可说是两个对峙的南方大军。时至今日,中国军队的主力,不仅要从北方挑选,尤其要从南方编练,已是显而易见的事。军队素质的高低,不专靠体力与训练。每个士兵的智力,神经反应的迟速,随机应变的能力,以及其他种种的天然禀赋,都有关系。尤其在近代的复杂战术之下,因为二千年来民族元气的南偏,南方的劲旅多于北方,也是当然的事。中国虽然古老,元气并未消耗,大部国民的智力与魄力仍可与正在盛期的欧美相比,仍有练成近代化的劲旅的可能。二千年来养成的元气,今日全部拿出,作为民族文化保卫战的力量。此次抗战的英勇,大半在此。

最后还有一点,或者值得论及。按上面列表,我们第二周的文化今日已到末期。第一周的末期,前后约三百年。第二周的末期,由始至今方有百年;若无意外的变化,收束第二周与推进第三周恐怕还得需要一二百年的功夫。但日本的猛烈进攻使得我们不得不把八字正步改为百码赛跑。第二周的结束与第三周的开幕,全都在此一战。第一周之末,有淝水之战(公元383年)。那一战中国若失败,恐怕后来就没有第二周的中国文化,因为当时汉人在南方还没有立下根深蒂固的基础。淝水一战之后,中国文化就争得了一个在新地慢慢修养以备异日脱颖而出的机会。此次抗战是我们第二周末的淝水战争,甚至可说比淝水战争尤为严重。成败利钝,长久未来的远大前途,都系于此次大战的结果。第二周文化已是人类史上空前的奇迹;但愿前方后方各忠职责,打破自己的非常纪录,使第三周文化的伟业得以实现!

七、建国
——在望的第三周文化

只看目前,我们是在抗战中建国。但若把眼光放得远大些,我们今日显然地是正在结束第二周的传统文化,建设第三周的崭新文化。从任何方面看,旧的文化已没有继续维持的可能,新的文化有必须建设的趋势,此次抗战不过加速这种迟早必定实现的过程而已。我们近来时常称今日为"大时代",真正的意义就在此点。

此次抗战,有如塞翁失马,在表面损失的背后,隐藏着莫大的好处。自抗战开始之后,著者对它的最后意义,时常拟题自问,自供的答案也日愈清楚。假定开战三两月后,列强就出来武力调停,勉强日本由中国领土完全退出。那与目前这种沿江沿海与各大都市以及重要交通线全因战败而丧失的局面,孰优孰劣?答案是:战败失地远胜于调停成功。假定开战不久,列强中一国或两国因同情或利益的关系而出来参战,协助中国于短期内战败日本。那与目前这种沿江沿海与各大都市以及重要交通线全因战败而丧失的局面,孰优孰劣?答案是:战败失地远胜于借外力而成功。假定战争初开或开战不久,日本又发生一次大地震,较 1923 年那一次尤为严重,都市全部破坏,轻重工业整个消毁,全国公私一并破产,元气丧失到不可恢复的程度,因而被迫不得不无条件地向中国求和。

那与目前这种沿江沿海与各大都市以及重要交通线全因战败而丧失的局面,孰优孰劣?答案是:战败失地远胜于因敌遭天灾而成功。假定我们有一位科学天才,发明一种非常的利器,能使我们于一两个月之内将日本的实力全部歼灭。那与目前这种沿江沿海与各大都市以及重要交通线全因战败而丧失的局面,孰优孰劣?答案是:战败失地远胜于靠特殊利器而胜利。假定日本因国内与国际的种种顾忌而不敢发动此次的侵略战争,容许我们再有十年的准备,以致我们与敌人势均力抵,能用外交的压力或战场上短期的正面决战强迫它退出中国。那与目前这种沿江沿海与各大都市以及重要交通线全因战败而丧失的局面,孰优孰劣?这个拟题的诱惑力,诚然太大;与上面的几个假设相比,的确是一个深值考虑的出路。但我们仍不妨狠心而大胆地回答:把眼光放远放大些,战败失地还是胜于外交压迫或短期决战的胜利。

我们为何无情的摒弃一切可能的成功捷径,而宁可忍受目前这种无上的损失与痛苦?理由其实很简单:为此后千万年的民族幸福计,我们此次抗战的成功断乎不可依靠任何的侥幸因素。日本速战速决的胜利是不可能的;中国速战速胜的战果是不应该的。即或可能,我们的胜利也不当太简易地得来。若要健全地推行建国运动,我们整个的民族必须经过一番悲壮惨烈的磨炼。二千年来,中华民族所种的病根太深,非忍受一次彻底澄清的刀兵水火的洗礼,万难洗净过去的一切肮脏污浊,万难创造民族的新生。

"新生"一词含意甚广,但一个最重要的意义就是"武德"。非有目前这种整个民族生死关头的严重局面,不能使一般顺民与文人学士从心坎中了解征兵的必要。好在我们沦陷的区域甚广,敌人的疯狂残暴逼得向来自扫门前雪的老百姓不得不挺身自卫,不得不变成为个人、为家庭、为国家民族拼命的斗士。同时，为应付势所必然的长期战争，未沦陷的后方又不得不加紧推行战前已经开端而未完成的国民兵役制度。所以全国之内可说都在向普遍征兵的方向迈进。此中虽然因二千年来的积习太深，不免有许多障碍与困难，但经过此番波动，自卫卫国的观念必可渗入每个国民的意识中，将来彻底实行征兵，可无很大的困难。

旧中国传统的污浊，因循、苟且、侥幸、欺诈、阴险、小器、不彻底，以及一切类似的特征，都是纯粹文德的劣根性。一个民族或个人，既是软弱无能以致无力自卫，当然不会有直爽痛快的性格。因为直爽痛快不免与人发生磨擦，磨擦太多就不免动武。但由弱者的眼光看来，动武是非常可怕的事，所以只有专门使用心计了。处世为人，小则畏事，大则畏死。平日只知用鬼鬼祟祟的手段去谋私利，紧急关头则以“明哲保身”的一句漂亮话去掩饰自己的怯弱。这种人格如何的可耻！这种人所创出的社会风气如何的可鄙！上面所列的一切恶德，都是由这种使用心计与明哲保身的哲学而来。此次抗战有涤尽一切恶劣文德的功用。我们若求速胜，岂不又是中了旧日文人侥幸心理的恶毒？

但我们绝不是提倡偏重武德的文化，我们绝不要学习日本。文德的虚伪与卑鄙，当然不好；但纯粹武德的暴躁与残忍，恐怕比文德尤坏。我们的理想是恢复战国以上文武并重的文化。每个国民，尤其是处在社会领导地位的人，必须文武兼备。非如此，不能有光明磊落的人格；非如此，社会不能有光明磊落的风气；非如此，不能创造光明磊落的文化。此点若不能达到，将来我们若仍像以往二千年一样去度纯文德的卑鄙生活，还不如就此亡国灭种，反倒痛快！

初级教育与军事训练都当成为每个国民必有的义务与权利。义教是文化的起点，军训是武化的起点。两者都是基本的国民训练。这个目标达到之后，整个中国的面目就要改观。当然在面积广大、边防极长的中国，恐怕非有一个常备军甚至职业军不可，但这只能作为征兵的附庸，必须由征兵训练中产生。所有的兵必须直接出自民间，兵与民必须一体，二千年来兵民对立的现象必须彻底打破。由此次抗战的英勇，我们可知中华民族虽然很老，但并不衰，仍是第一等的兵士材料。这是征兵制能够成功的绝对保障，也是新文化必定实现的无上把握。

*　　*　　*　　*　　*

兵的问题，牵动整个的社会；兵制与家族制度又是不能分开的。中国历来讲“忠孝”，认为忠与孝有密切的关系：在家孝，在国必忠。但这大半是理论。实际上，为家庭的利益而牺牲国家社会的利益，在以往几乎成了公认的美德。二千年来无兵的文化，全都由此而来。所以旧日夺人志气的大家族，必须废除。反之，近世欧美的小家庭也不是绝对无疵的办法，因为小家庭无形中容易培养成一个极端个人主义的风气，发展到极点，就必演成民族自杀的行动——节制生育。这恐怕是许多古代文化消灭的主要原因，这也是今日西洋文化的最大危机。中国于战国、秦、汉间也曾一度遇到这个难关，所幸太古传下的家族观念始终没有完全消灭，汉代的人口政策大体成功，所以此种恶风未能普遍地流行，民族的生机未被不可挽回地斩断。我们今日能如此英勇地抗战，就是受此种强度的家族观念之赐。否则我们的民族与文化恐怕也早已与埃及、巴比伦或希腊、罗马同样的完全成为博物馆中的标本，欲求今日流离颠沛的抗战生活，亦不可得矣！这个问题，比兵的问题尤其难以应付。兵的问题是一个可以捉摸的问题,可以用法令解决。家庭生活虽有利益的关系,但情感的成分甚大,不是法令所能随意支配的。舆论的倡导,学人的意见,社会领导者的榜样,是解决这个问题的必要力量。我们虽不必仍像从前以无限制的多子多孙为理想,但像西洋上等社会流行的独身与婚而不育的风气,却必须当作洪水猛兽去防御。所幸此种现象,在中国尚未成为固执的风气。现在的中心问题是大小家庭的问题,不是节制生育的问题。大家族与小家庭的调和,虽不免困难,但并不是绝对不可能的。近年来,中国实际正在向这方面进行。现在的趋势,是在大家族的观念与形式仍然保留之下,每个成年人都去过他独立的生活。旧日老人专权的家族制,当然不能再维持,因为那是使社会停顿与国家衰弱的势力。但西洋的个人完全与父母兄弟隔绝的办法,也万不可仿效;因为无论短期间的效果如何,那到最后是使社会国家破裂与民族生命毁灭的势力。中国自古以来善讲中庸之道。中庸之道,无论在其他方面是否仍当维持,在家族制度方面却无疑的是绝对需要继续采用的。我们若要度健全的生活,若要使民族的生命能万古不绝,一个平衡的家族制度是一个必不可缺的条件。这个问题非三言两语所能说尽,最后的解决仍有待于来日与来人。

* * * * *

建国运动,创造新生,问题何只万千?但兵可说是民族文化基本精神的问题,家族可说是社会的基本问题,元首可说是政治的基本问题。三个问题若都能圆满的解决,建国运动就必可成功,第三周文化就必可实现。但我们万不可认为这是轻而易举的工作。此次的复兴建国,是人类史上的空前盛事,因为从古至今向来没有一个整个文化区组成一个真正统一的国家的现象。罗马帝国或秦汉以下的中国皆为大而无当的庞大社会，绝非春秋战国或近世欧美的许多真正统一的一类国家。所以我们是在进行一件旷古未有的事业，绝无任何类似的前例可援，其困难可想而知。抗战开始以前，著者对于第三周只认为有实现的可能，而不敢有成功的希望。抗战到今日，著者不只有成功的希望，并且有必成的自信。以一年半以来的战局而论，中华民族的潜力实在惊人，最后决战的胜利确有很大的把握。我们即或承认最坏的可能，最后决战我们仍然失败，但此次抗战所发挥的民族力量与民族精神仍是我们终久要创造新生的无上保障。

我们生为今日的中国人，当然是不免痛苦的，但也可说是非常荣幸的。今日是中国文化第二周与第三周的中间时代。新旧交替，时代当然混乱；外患乘机侵来，当然更增加我们的痛苦。但处在太平盛世，消极地去度坐享其成的生活，岂不是一种太无价值、太无趣味的权利？反之，生逢二千年来所未有的乱世，身经四千年来所仅见的外患，担起拨乱反正、抗敌复国、变旧创新的重任——那是何等难得的机会！何等伟大的权利！何等光荣的使命！无论何人，若因意志薄弱或毅力不坚，逃避自己分内的责任，把这个机会平白错过，把这个权利自动放弃，把这个使命轻易抹煞，岂不是枉生人世一场！

附　　录

世袭以外的大位承继法

除原始的部落酋长之外，人类社会的政治元首大多是世袭的。有的民族始终维持世袭的制度，如中国由殷商至辛亥革命的情形。有的民族半路作些异样的尝试，如古代的希腊、罗马人与近代的西洋人。今日的世界，在西洋文化的笼罩之下，呈现一个人类开化后的空前现象，就是世袭君主制的大致消灭。多数的国家都是共和国；少数的国家只维持一个傀儡的世袭君主，实权却操在另外一个选举的或用他法产生的执政者的手中。真有实权的君主在今日已是凤毛麟角。所以名义上保有君主的国家，实际也可说都是共和国。

但共和制度与民主主义是两件事，两者可合可分，并无绝对必要的联系。反之，凡不终日闭眼在理想世界度生活的人，都可看出今日的大势是趋向于外表民主而实际独裁的专制政治。在许多国家这种情形已经非常明显，最重要的就是德、俄、意三国。三国的独裁者虽然都用“合法”的方式产生，但实际都是终身职，最少也是无限期职。在其余的国家，或多或少，也都有同样的趋势，不久的未来恐怕也终不免要追随潮流。

但再反过来看，政治上任何实权者的世袭制度，在今日的世界绝无地位。在从前君主世袭与神权信仰有不可分的关系。太远的将来无人敢说,但最近的未来大概神权信仰不会复兴,所以也不会有世袭专制的君主制度发生。在这种微妙的情形之下,实权者的承继问题于最近的将来在许多国中都必要发生,于较远的将来恐怕世界各国都不免要逢到这个难关。二十世纪的人类究竟要如何解决这个问题,无人敢给一个武断的答案。但在前代,在较小的范围以内,人类曾遇到过这个问题,也曾得到勉强满意的解决方法。最重要的例子大概要算罗马帝国的皇帝与回教初期的教主;两者都是专制的,但都不是世袭的。

(一) 罗马帝国皇帝

到西前100年左右,罗马已经成了地中海上最大的势力。多数的国家都已被罗马征服,其余名义上仍然独立的各国实际也都成了罗马的势力范围。罗马帝国至此可说已经成立。但传统的政治制度只适于城邦的范围,不能维持一个广大的帝国。况且帝国的疆域仍在继续扩张,武人的势力因而日大。代替旧制的帝国政制是此后六七十年间无形之中建设起来的。

到西前100年左右,元老院是罗马城与罗马帝国中的最高政治机关,凡仍然在职与已经去职的重要官员都是元老。所以名义上元老的权柄虽然有限,实际上大权都操在他们手里。公民会议仍然存在。但罗马没有代议制,罗马公民遍天下,公民会议到会的实际却只有罗马城内与附近的人民。这些人大半没有固定的职业与财产,对一切既不满意又不负责,所以极易受人操纵利用。元老阶级以及对现状满意的人至此都联合一起,称为贵族阵线

(Optimates)。城内一般流动的公民,资本家,少数的贵族,与其他一切对现状不满意的人也联合一起,称为平民阵线(Populares)。这种党派的分歧与政权的争夺在当初还有意义,还表现一种真正的政争。一方面赞成少数人为少数人的利益而统治天下,一方面赞成全体公民为全体公民的利益而统治被征服的各民族。但两条阵线的原意不久都消没净尽,当初的各种口号都成了独裁者的护符。原来有帝国而没有皇帝,在贵族阵线与平民阵线的纠纷之下就产生了一个专制的皇帝。

最早的独裁者是马略(Marius),是平民阵线的领袖,在非洲打仗屡次胜利之后,于西前104年被选为宪法上地位最高的执政官(Consul)。上等社会的人已都不愿当兵,征兵制不能维持。马略见到此点,于是改革军政,正式募兵。这是非常重要的一个变化;从此军队遂成为将军个人的职业兵,国家军队的性质日愈淡薄。最少我们可说,军队直接是将军个人的军队,只间接才是国家的军队。最后的结果当然是最强大的将军与国家无形相混,甚至合一。

继马略而起的是贵族阵线的苏拉(Sulla),也是军人。在西前82年,他勉强元老院正式给他无限的独裁权。苏拉虽然没有皇帝的名号,实际上他可说是罗马帝国第一任的皇帝。

马略与苏拉还真正是两个相抗的阵线的领袖,此后的独裁者就难说了。便利时,他们可与或左或右的一个阵线合作,但大致他们是以个人训练的军队为最后的靠山,两个阵线都成了傀儡。

苏拉死后,不久三个独裁者同时并出(西前60年),就是庞培(Pompey)、克拉苏(Crassus)与凯撒(Julius Caesar),临时三雄合作,组成三头政治。在三头中,庞培地位最高,当时的人就给他一个半正式的称号——"首领"(Princeps)。但三个伟人当然难以合作,一度冲突之后，凯撒胜利，二年之间（西前46至前44年）他成了全帝国的独裁者。但少数的理想主义者对于旧日的共和政体不能忘情，最后用暗杀的手段将凯撒推翻。

正如用复兴六国的名义把秦推翻之后，列国分立的局面并未恢复；凯撒被刺后，共和政体也绝无挽回的可能。结果只有多付一次大乱的代价而已。共和主义者能把独裁者杀掉，但不能治理一个庞大的帝国。他们原来相信民众会赞成他们“除暴”的举动，岂知结果大失所望，多数的人民似乎感觉：独裁的好坏是另一问题，实际目前除独裁外别无维持天下安宁的方法。所以经过十四年的大乱之后，在西前30年，一个新的独裁者又出现，就是屋大维（Octavius）。至此，一切恢复旧制的幻想都已消散，帝国各地都呼屋大维为“世界的救星”。这正与垓下之战后没有人再喊“铲除暴政”或“恢复六国”一类的口号一样。

但屋大维秉性谨慎，对凯撒的命运时刻未忘。所以共和制度虽已推倒，他决定在实际独裁的局面之下仍维持共和的外表。名义上一切仍旧，但屋大维在宪法上有几种特权与特殊名号，使他实际的地位远超宪法之上：

（一）至尊权（Imperium）——在共和旧制之下，国家最高元首的执政官有至尊权，就是行政上的最高权。但前此至尊权的期限为一年，现在屋大维的至尊权屡次地延长，实际等于终身的权力。

（二）至尊号（Imperator）——在至尊权的制度之下，最重要的就是全国军队的统率权。在统率军队时，领有至尊权的人可用“至尊号”，也可说是大元帅。后来罗马历代的皇帝普遍都用此为常号，近代西洋文字中 emperor 或 empereur 一类的名词都由此演化而出。在中文我们一般译为中国历史上同类的名词——“皇帝”。

（三）保民权（Tribunicia potestas）——罗马原有保民官（Tribune），乃是平民阶级的官吏，在宪法上有全权去防止或禁止任何贵族个人或团体对任何平民个人或团体有欺压的行动。宪法并承认保民官的"神圣"地位（Sacrosanctitas），任何人对他的身体或生命若有侵犯，就与亵渎神明同罪。现在屋大维不居保民官的地位，而终身领有保民官的职权与神圣性。

（四）其他特权——

（1）宣战与讲和权。

（2）元老院与公民会议的召聚权。这就等于说两个会议实际都由皇帝操持。

（3）一切正式聚会中占据最高座位的权利。

（五）首领（Princeps）——这是一个半正式的称呼，以前的独裁者多曾用过。后来元老院感觉"首领"一词不够尊崇，就又正式称屋大维为"国父"（Pater patriae）。但这个名词始终没有流行，最通用的还是半正式的"首领"。

（六）奥古斯都（Augustus）——这是屋大维与后来历任皇帝惟一正式的特别名号，就是"至尊无上"的意思。这只是一个尊号，与任何的特权无关。但这个正式的称号与非正式的"首领"可表示当时的人，无论贵族或平民，都承认独裁制的不可避免，因而情愿创造两个宪法以外的尊号。

在当时的情形之下，这个新旧调和的办法未尝不好，惟一的缺点就是承继问题的虚悬。因为在理论上罗马仍为共和国，一切地位与权柄都创自元老院或公民会议，所以世袭制当然不能成立。也恰巧屋大维没有儿子，所以世袭的问题也没有发生。在理论上，屋大维死后，或退职后，由元老院再选派一人担任艰巨，应当没有问题。但现在实际的制度是独裁,这种纸上的办法完全行不通。屋大维在生前也见到这一点,为避免将来再起内乱,他感到非预先暗中指定承继人不可。他当初四个亲信的人都壮年死去,未得继立。最后他决定以他的义子提比略(Tiberius)为嗣,使他也接受保民权与至尊权,所以全帝国都知道他是皇帝心目中的承继人。屋大维死后,无人提出异议,提比略安然即位。

提比略原已享受至尊权,所以屋大维死后他就成了当然的大元帅,无形之间承继了屋大维的地位。但提比略也极力地尊重宪法的外表,正式召聚元老院会议,请他们选定屋大维的承继人。元老院也知趣,就把屋大维生前所享受的一切特权与名号都加在提比略身上。从此这就成了惯例,每代的皇帝生前都指定实际的承继人,而由元老院将来正式承认。

西元41年,皇帝加利古拉(Caligula)被暗杀,生前并未指定承继人。元老院因加利古拉生前暴虐,于是就讨论恢复旧日名实相符的共和制度的问题。但在元老院雄辩未决的时候,御卫队已先发动,代他们决定,拉·克劳底(Claudius)出来为大元帅。元老院无法,只得承认既成的事实,许多天花乱坠的长篇演说都中途打断。

克劳底的承继者尼禄(Nero)暴虐无道,激起内乱;同时他又未指定承继人。西元68年变乱四起,尼禄自杀。四个武人争位,都各由军队拥护为皇帝。次年韦斯帕申(Vespasian)胜利,由元老院承认为首领。韦斯帕申后来由其子提多(Titus)承继。这虽实际上等于世袭,但名义上仍为选举。提多也是先接受至尊权与保民权,在父亲死后借此两种特权而当然继位。

提多由其弟多密申(Domitian)承继。西元96年多密申被暗杀，无人继位。至此元老院虽有机会，也不再妄想恢复共和，于是选举了一个老好先生的尼尔瓦（Nerva）为皇帝。尼尔瓦感觉自己太庸碌无能，就以武人特拉燕（Trajan）为义子，并给他至尊权与保民权。

特拉燕忽略了承继问题，生前未按惯例指定承继人，到临死时才认亚第盎（Hadrian）为义子（西元117年）。元老院与军队虽都表示承认，但因亚第盎当初并未被默认为承继人，也未享有至尊权与保民权，所以另外有武人反对。所幸反对派即被平定，未再引起大规模的内乱。此后六十年间（西元117至180年），承继问题一按惯例解决，历代皇帝都指定承继人，并都以承继人为义子。

西元180年后，罗马帝国二百年的盛期已经过去，乱时多，治时少，承继的问题也时常发生。但一直到西罗马帝国亡时（西元476年）帝位在理论上始终不是世袭的，在实际上也不都是世袭的。甚至到最后东罗马帝国亡的西元1453年时，帝位在理论上仍非世袭的私产。

由上面的简表看来，罗马帝国帝位的承继法可总论如下：

（1）在理论上帝位不是世袭的，实际上也大多不是世袭的。

（2）最普通的承继法是由在位的皇帝于生前指定承继人，承继人并且在皇帝生前就享有特权，以便将来能不留痕迹而继位。但这是一种非正式的默认惯例，无人公开的考虑这个方法，大家都只“心照不宣”而已。

（3）皇帝大多以承继人为义子。这与政制本身无关，只能算为一个以人情辅助公事的办法。

（4）凡不按惯例指定承继人时，或因故未得指定承继人时，结果往往是引起内乱或招致军队的跋扈干涉。

(5) 屋大维以后几乎无人再相信旧日的共和制度有恢复的可能,所以也很少有人想推翻独裁皇帝的制度,虽然始终大家不肯承认帝位是一人一家的私产。

(二) 回教教主

阿拉伯人自古就分为两种:游牧人与城居人。游牧人散居内地沙漠地带,牧畜为生,迁移无定,组织极为散漫。城居人聚住沿海肥地,有城郭,以商业与简单的农业为生。城市中最重要的就是西岸的麦迦(Mecca)与麦第那(Medina)。但城市间的距离甚远,不利于共同的政治组织。无论土著与游牧,政治组织都停顿在部落的阶段。以往在半岛各地间或有比较广大的国家出现,但都是暂时的。在回教兴起之前,部落组织是常态。

每个部落或城市,各有自己的神祇与宗教。但麦迦是全民族所承认的共同圣地,城中有庙名嘎巴(Kaaba)或立体庙。庙中有神像三百六十座,乃全民族在各地所崇拜的神祇的总汇。庙墙中有黑石一块,尤为全体阿拉伯人所崇敬。每年一度,全半岛的人都到麦迦朝圣,一方面朝拜立体庙中的群神,而尤其重要的是向神圣的黑石示敬。这种松散的宗教仪式,可说是回教兴起前阿拉伯人惟一民族意识的表现。

加强民族意识,统一各部落与各城市,使这本来一盘散沙的民族一跃而成为当时世界最强大的势力的——就是穆罕默德。穆罕默德所创的宗教简而易行,感人的能力非常之深。他毁掉各地的神像,圣庙中的三百六十座神像也被废弃。但立体庙本身与墙中的黑石却仍保留，照旧被奉为圣地。代替旧日繁复信仰的新宗教非常简单，信条只有一段，妇孺皆可背诵明了："除惟一真宰（Allah）外别无他神，穆罕默德是他的先知（Prophet）。"这一句话的力量，不是我们今日的人所能想象的。穆罕默德用这一句话，在十年之内统一阿拉伯半岛。穆罕默德死后，他的承继者靠这一句话，在一百年内征服了东至中亚细亚、西至西班牙的一个大帝国。

此前阿拉伯各部落的酋长本由各部落推选。但现在情形大变，全民族在短期间已经统一，实权者的承继问题甚为重大。穆罕默德自己生前对此并未预定计划；同时他又无子，所以世袭制也谈不到。至于一般信徒，看穆罕默德几同神明，不信他也会如凡人一样地死去。一旦首领薨逝，大家都无所适从。在穆罕默德左右地位最为重要的有阿布伯克（Abu Bekr）、欧玛（Omar）与阿里（Ali）三人。西元 632 年穆罕默德死，回教中要人遂公选阿布伯克继位，为最初创教者的代表或"哈利发"（Caliph）。这个地位是宗教而兼政治的，可说是一个有政权的教主。教主在理论上由全民选举，选举后宗教权与政治权都集于一身。但阿布伯克实际是由少数人选出的。

阿布伯克德高望重，选举未成严重的问题，但也几乎引起内部的分裂。许多部落由于习惯的关系，又欲恢复原始分散独立的状态。但一切叛乱都被阿布伯克平定，从此半岛内部未再发生严重的分裂问题。

阿布伯克见到无限制的选举有引起内乱的危险，所以在生前就向左右指定欧玛为最适宜的承继人。西元 634 年阿布伯克死，左右尊重他的意见，就正式选举欧玛为教主。

欧玛感觉继位法有固定化的需要，于是生前就指定六位元老为选举委员，将来他们由自己内部互选一人为教主。欧玛有子，但不肯假公济私，没有指定儿子为承继人，并且也未派他为选举委员之一。西元644年欧玛死，六位选举委员中的欧斯曼(Osman)被选为继位的教主。

欧斯曼腐败，引起反抗，西元656年被刺杀而死。他生前并未指定承继人，也没有预定选举法。反对派遂拥阿里为教主。回教内部的分裂由此开始，西元661年阿里亦遭刺杀。从此教主的地位变成阴谋与争夺的对象，回教共和国无形结束，统一的或各地分立的回教国都成了世袭专制的政体。

回教共和国虽只维持了三四十年，阿拉伯的情形虽与罗马帝国不一样，但承继法却大同小异。阿布伯克以后两代的教主都因被预先指定而未成问题。第四代因未指定，又未预定选举法，内乱于是发生，共和国竟至因而结束。回教不似罗马，未得演化出一个大家公认的承继惯例。但阿里以前几次的蝉联似乎是正在对着一个固定惯例的方向走去，可惜尚未成功就被世袭制打断。

(三) 结论

“历史不重述自己”——History does not repeat itself。我们不敢说二十世纪西洋各国的独裁者也都要用罗马与回教那种实际指定而名义选举的方法产生承继人。但在制度的范围以内，我们很难想象其他更为妥当或更为自然的方法。西洋又有一句与上面所引正正相反的老话：“天下并无新事”——There is no new thing under the sun!

殷周年代考

序论

殷周年代至今仍为古史上未决问题。太史公作《史记》，年表始于共和元年（西前 841 年），此前年代皆认为难凭之传说。时至今日，吾人对此亦未有确实之推定。然关于周室元年，比较有价值之说有二：

西前 1122 年　　　　《三统历》

西前 1027 年　　　　《竹书纪年》

两说代表两种可能之年代考定法；关于古史年代，吾人一般亦只有此两法也。若有史料可凭，吾人当然根据史料之记载。例如秦并六国完成之年为西前 221 年；此为可靠记录，吾人可完全承认，无需再加推考；此一法也。若关于史上某事发生年代，无确实之记载，则吾人可以片段材料为出发点而加以推考，此又一法也。以上两说，第二说为历史上之记录，但是否确实，尚待考定。（一般多以《竹书》中所纪周元为西前 1050 年；此乃后世伪《竹书》之窜改，不可凭信。古本《竹书》纪周元为前 1027 年。——见王国维著《古本竹书纪年辑校》。）第一说则为刘歆《三统历》根据片段史料所推定。然古今推算者不只一人；如《大衍历》推周元为前 1111

年，今人亦有根据历法推算而肯定此年者；日本学者新城新藏则推定为前1066年。此外变相抄袭或凭空拟定者尚多，更无赘述之价值。同为推算，而结果有三，且相差有四五十年之久；而推定结果之最早者与《竹书》所纪相差几至百年。此非古史中年代传说上下所差不过三五年无关重要者可比。两说必有一误，或两者全误，此犹待吾人考定者也。

根据片段史料而以历法推定历史上年代，须有以下条件为先题：（一）由吾人所确知之最早年代（如共和元年）至吾人所欲推定事实之年代（如周室元年），其间片段史料必须完全可靠，而非为疑似之传说；（二）于先后两年代间所用历法情形吾人必须详知；若有历法上之改革，吾人亦须明晰。以此两标准而断一切关于西周年代之推算，恐皆有穿凿附会之嫌也。（一）关于共和前之年代只《尚书》中有少数意义不清之记录。其记录是否可凭，尚有问题。即假定其全为事实，其解释亦大有困难。共和前任何周王在位年数吾人完全不知，而《尚书》中只言某事发生于某王某年；甚或年代亦全不录，而只记某月某日；而其记日之解释法则尚属疑题。于此种情形下吾人而欲确定《尚书》中所记某事为共和前某年，恐为事实上之不可能。（二）较此尤大之困难，则古代历法变更问题，今日已无从解决。春秋时代历法上之变化，吾人尚可由《左传》中见其一二；然春秋以前历法有无改变吾人完全无从究诘。于此种情形下吾人将以何种历法为据而推定《尚书》中所记年代月日乎？故苟非地下有关于历法史极清楚而可靠之发现，吾人决难以历法推算共和前之年代。若采此法，则每人对历法各持一说，又不能起古人而断孰是孰非；是每人可随意推考，而是非永无解决之日。同为推算，而有三种不同之结果，其故即在此也。而可能之结果恐尚不只此。

若有欲为数学上之练习者，大可以此为题；其结果或早于前 1122 年，或晚于前 1066 年，皆无不可也。

推计既不可靠，吾人似只有信古代传说矣。然古代传说之有确定年代者，惟有《竹书》；而《竹书》又为战国末年作品，上距周初或已有七八百年之久；吾人安能知其必是？本文所欲考证者，即此点也。

西周年代问题

于前述两种计年法外，尚有一法人少试用；吾人于此无可奈何情形下不妨尝试之。按温带人类生理，普通四世当合百年。中国古今朝代，皆不逃此原则。盖古代男子二十而冠，即可婚娶，至迟不过三十，所谓“男子三十而娶”者也。故以平均而论，娶妻生子年当在二十五左右；而帝王继位自周以下大半采长子承继制，故平均每世二十五年不爽也。后世虽行早婚制，不过有年未及冠而婚者而已；实际娶妻生子仍多在年二十与三十之间也。故吾人若以每世二十五年之法推计，西周年代虽不可确知，然大概年代必可求出，决不至再有上下百年之疑问也。

吾人试先推计西周以下之年代，以视其是否合于四世百年之例。然于推计之先，尚有须为声明者数则：（一）创业帝王往往即位已至垂死之年，故不能计为一世。（二）一代将亡时，往往一二幼主继立，不过十年即被废弑，此亦不能计为一世。（三）普通若有一二世兄弟相继者，兄弟二人或数人宜以一世计算，不能每君定为一世也。（四）若祖孙相继，则宜计为三世，非二世也。（五）吾人对不满四世之朝代概不计算,凡此皆属显然之理,不过预先指出以简下文而已。

共和以下周代年表既无问题,吾人可先为推计,以视其是否合于生理原则。共和十四年间厉王仍王于汾。厉王死,宣王始立;其年为西前 827 年。故吾人可由宣王即位之年而计宣王以至赧王(西前 256 年死)之年代。此间共二十三世,(其间除有数次兄终弟及易于查知者外,平王、桓王为祖孙相继,须特为注意)以每世二十五年计,应得五百七十五年,而实际年数为五百七十二年。推理与实际之相差可谓微乎其微矣。

西汉国祚二百一十四年(西前 206—纪元 8 年)。高祖晚年得天下,可不计算。孺子婴三年被废,亦宜除外。此间整个的为九世(宣帝为昭帝孙辈),按理宜为二百二十五年。

东汉国祚一百九十六年(纪元 25—220 年)。光武壮年得天下,可计为一世;献帝晚年始禅位,亦可计为一世。光武至献帝共八世,宜为二百年。

晋国祚一百五十五年(纪元 265—419 年)。由武帝至恭帝为五世,宜得一百二十五年。但其中除武帝外,每世皆兄终弟及。武帝以下三世每世三人为帝;第五世则五人继立。故世代年代完全混乱。此点于讨论殷商年代时尚须提出。

唐国祚二百八十九年(618—906 年)。其中除高祖晚年得天下,哀帝不得善终外,共十二世,宜为三百年。

宋国祚三百一十五年(960—1274 年)。太祖得天下虽在晚年,然继位者乃其弟;兄弟二人可计为一世。太祖至度宗共十二世,宜为三百年。

元国祚一百零四年(1264—1367 年)。若计至顺帝死年(1370

年),则为一百零七年。世祖壮年即位,可计为一世。世祖至顺帝共六世(其中成宗为世祖孙),宜为一百五十年。况前后六世中有两世皆为兄弟三人相继者,国祚即逾一百五十年,亦不为异。今竟不过百年有零,殊不可解。元代为古今惟一不可解释之例外。但此与本题无关;因关于西周年代,说者皆失之过长,而不失之过短也。况元史至今疑问尚多;将来研有结果,此种特点或亦不难解释也。

明国祚二百七十六年(1368—1643年)。太祖壮年得天下。怀宗虽未得终天年,然殉国时已在壮年,亦非即位数年而不得善终。故明代首尾二帝可计为二世。前后共十二世,宜为三百年。怀宗若得善终,则有明国祚必与三百相近也。

清国祚二百六十八年(1644—1911年)。世祖七岁即位,宜计为一世。宣统三年退位,可不计。由世祖至德宗共八世,宜为二百年。此特殊之例外,乃因满清不立太子,每世继位者非长子而为幼子。故虽无兄弟相继之名,而有兄弟相继之实;非通例所可包括也。此点于讨论殷商年代时亦须提出。

兹将以上推定结果与实际记录列表如下:

朝代	世代	实际年数	推计年数
周共和以下	二十三	五七二	五七五
西汉	九	二一四	二二五
东汉	八	一九六	二〇〇
晋	五	一五五	一二五
唐	十二	二八九	三〇〇
宋	十二	三一五	三〇〇

元	六	一〇七	一五〇
明	十二	二七六	三〇〇
清	八	二六八	二〇〇

以上九代,除晋、清例外,当作别论;元为不关本题之例外;其他六代皆为四世百年之有力明证。上下三千年而无真正例外之生理事实,吾人似可承认矣。若以此而推,则西周年代当不难索得。武王晚年得天下,相传七年即崩,虽不可必,然为晚年王天下则属可信,故可不计为一世。由成王至厉王共八世,宜为二百年。宣王元年为前827年,则周元当在前1027年左右;此与《竹书》所纪恰相符合。若以西周全体而论,则共为十世,合二百五十年,周元当在前1020年左右。《竹书》纪西周共二百五十七年,所差不过七年。若以二周全体而论,则三十一世合得七百七十五年。周亡之次年为二百五十五年,是周元当在前1030年左右。兹将周元之四种可能年代列表如下:

前1027年	《竹书》纪年
前1027年	由宣王以上推计
前1020年	西周全部推计
前1030年	全周推计

由上表以观,周元似当在前1030与前1020年间,而《竹书》纪为前1027年。推理与史录吻合如此,《竹书》所纪必为可信无疑矣。

《竹书》纪录可信,尚有旁证。太史公修史谨严,列国世家于共和前皆不系年,而独辟鲁周公世家为例外;除伯禽年代无考外,考公以下皆系在位年数。史公必有比较可靠之根据也。兹列共和前鲁公年表如下:

伯禽	年数不详
考公	四
炀公	六
幽公	十四
魏公	五十
厉公	三十七
献公	三十二
真公	十三(真公十四年为共和元年。十二诸侯年表谓有共和元年为真公十五年说)

由考公至真公十三年共一百五十六年,至十四年为一百五十七年。共和元年为前841年,是考公元年为前997或前998年。伯禽年代虽不可考,然其既为周公子,则必与成王年岁相若;且其封鲁十九在成王时,史传相传亦如此。成王元年当在前1020年左右,故伯禽元年亦当在前1020年左右。1020年距997年约二十余年,正合一君之平均年数。是鲁世家之记录可为《竹书》之旁证,而与《三统历》则全不相合矣。

殷商年代问题

殷商年代问题,可分二部探讨之。盘庚以下比较易得,可先为研究。盘庚以上则作为别论。

殷商年代,上古传说较西周尤不一致。普通史籍据《三统历》定殷祀为六百四十四年,成汤元年为前1766年,盘庚元年为前1401年。《三统历》关于西周之推计既不能成立,则前此推定更无讨论之价值。此外惟一记录则《竹书》谓盘庚迁殷至封灭为二百七十三年。若周元为前1027年，则盘庚迁殷适为前1300年。此说吾人果可承认否？

殷行兄终弟及之制，由史传及甲骨文中皆可证明。此后行此制或与此相似之制者只晋、清二代。晋行此制，出自跋扈之臣，其中多有废弑。清行此制，则为皇室固定政策。有清一代，除穆宗为文宗独子外，其他诸帝无一为长子者。故清虽未行兄终弟及之制，而其年数结果则若已行此制者也。兹列清帝表如下：

世祖	
圣祖	世祖第三子
世宗	圣祖第四子
高宗	世宗第四子
仁宗	高宗第十五子
宣宗	仁宗次子
文宗	宣宗第四子
穆宗	文宗独子
德宗	穆宗堂弟

所谓平均每世二十五年者，乃历世或大多世代由长子嫡系相推而下之谓也。若由幼子计算，此数当然不能成立。清代八世二百六十八年，是平均每世三十三年也。晋代五世一百五十五年，是平均每世三十一年也。殷自盘庚至纣为八世；若以《竹书》所纪二百七十三年计，则平均每世为三十四年。晋代多废弑，其平均数恐不若满清之可靠，而满清平均数又与《竹书》所纪之殷代平均数遥遥相符。是《竹书》记载当无大误。虽未敢必，然盘庚迁殷必不出前1300年左右也。"兄终弟及制下，每世平均不过三十三或三十

四年，而据《三统历》则父子相继嫡长继位之西周每世平均反越乎此，岂不怪哉？据《三统历》，由周元至厉王死（前 1122 至前 828 年）平均每世合三十七年，远超殷、晋、清三代之上。即以日人所推周元为前 1066 年计，厉王以上平均数尚合三十年，几与晋代相等，必无是理也。且据《三统历》殷自盘庚以下（前 1401 至前 1123 年）平均每世亦不过三十五年。即由盘庚之兄阳甲元年（前 1408 年）计起，每世亦仅三十六年，而西周自厉王以上反为三十七年。其迷于不可靠之历法而对事理全不顾及也明甚。”

盘庚以上年代则较为难考。盖此时王室尚无定居，都会屡迁，文化程度恐尚甚低。文字虽十九已经发达，而历史记录恐尚付缺如，或非常简陋也。故后代对盘庚以前无可靠之传说，《竹书》记录当未可轻信。《竹书》纪殷商一代共四百九十六年，是盘庚以前只有二百二十三年，而成汤元年为前 1523 年也。然成汤至南庚为九世，继南庚而立者为其侄阳甲，乃盘庚之兄。阳甲死盘庚始立。故吾人若计阳甲为一世，则盘庚以前殷商尚有十世也。其十世间所行者亦兄弟相继制，故其年代决无少于二百七十三年之理也。成汤即位，是否已老，全不可考。即令认汤即位为老年，而同时又不计阳甲为一世，则盘庚前尚有八世，其年数亦当与盘庚以下相等，不能反少五十年也。盘庚以前若以八世计，则商元当在前 1570 年左右；若以九世计，则当在前 1600 年左右；若以十世计，则当在前 1630 年或前 1640 年左右。汤胜诸国而王中原，按传说似曾经过长期之战争，即王位当在老年，是以十世计似嫌过长。而盘庚前又有其兄阳甲在位，以八世计又嫌过短。是则盘庚前以九世计似属最为合宜。汤王中原当在前 1600 年左右，吾人似可承认矣。

商之年代除《竹书》有比较确定之记录外，战国时尚有一笼统之传说可供参考。《左传》宣公三年谓“商祀六百”，此不过大概之词，非定数也。若周元为前1027年，则商元当为前1600年左右，与吾人之推定恰相符合。

最后关于殷商年代，《鬻子·汤政天下至纣篇》尚有记载，谓由汤至纣“积岁五百七十六岁”。古本《鬻子》当为战国作品，其记录宜有相当价值；然今本《鬻子》真为古代残本，抑为后世伪托，尚有疑问，故不敢凭信。但其谓商元为前1603年，则堪注意者也。

殷周年代问题旁论

关于殷、周二代之年数，《孟子》尚有较《左传》尤为笼统之记载，然亦可为本题之旁证。《孟子》末章谓“由汤至于文王五百有余岁……由文王至于孔子五百有余岁”。若周元为前1027年，此前两世（文王、武王）则当在前1077年左右。孔子生于前551年，活动时期当在前500年左右；前551年及前550年距前1077年皆为“五百有余岁”。若周元为前1122年，则文王当在前1172年左右，是距孔子时代已有六百余年，《孟子》不能谓为“五百有余岁”也。

《孟子》又谓“由汤至于文王五百有余岁”。若文王在位为前1077年左右，则汤在位当在前1577年以前。是商元为前1600年左右，孟子亦承认之。孟子虽非史家，其说必根据战国时代尚存之古代史料。《竹书》之编者或有失检点，亦非不可能。或盘庚以前原本《竹书》本无讹误，而为晋以后之人抄误或计误，亦属可能。盖王氏辑本所录并非全为原文，内多后人总括《竹书》原文之词；其中总括年代处，难免无抄误或计误之点也。故盘庚前无可靠史料，虽似可解，然观孟子之言则当时至少关于年代似已有大致可信之记载。惜史籍湮没，今已无考矣。

结论

吾人若认以上所论为不谬，则《竹书》所纪周元为前1027年，盘庚迁殷为前1300年，当为可信之历史记录。即有讹误，前后所差亦必无十年之多。至商元则吾人只能定为前1600年左右，较此尤确之年代则无从考证矣。至所谓夏代，其传说多属神话；当时恐只有与各国并立之夏国，并无所谓夏代也。其世系表中人物，除与商发生关系之末世数后外，原为神话人物抑历史人物，至今犹为未决问题，其年代更无论矣。

（原载武汉大学《文哲季刊》1931年2卷1期）

君子与伪君子
——一个史的观察

观察中国整个的历史，可能的线索甚多，每个线索都可贯串古今，一直牵引到目前抗战建国中的中国。“君子”一词来源甚古，我们现可再用它为一个探讨的起发点。

“君子”是封建制度下的名词。封建时代，人民有贵贱之分，贵者称“士”，贱者称“庶”。“君子”是士族阶级普通的尊称；有时两词连用，称“士君子”。士在当时处在政治社会领导的地位，行政与战争都是士的义务，也可说是士的权利。并且一般讲来，凡是君子都是文武兼顾的。行政与战争并非两种人的分工，而是一种人的合作。殷周封建最盛时期当然如此，春秋时封建虽已衰败，此种情形仍然维持。六艺中，礼、乐、书、数是文的教育，射、御是武的教育，到春秋时仍是所有君子必受的训练。由《左传》、《国语》中，可知当时的政治人物没有一个不上阵的。国君也往往亲自出战，晋惠公竟至因而被虏。国君的侄兄弟也都习武。晋悼公的幼弟扬干最多不过十五岁就入伍；因为年纪太轻，以致扰乱行伍而被罚。连天子之尊也亲自出征，甚至在阵上受伤。如周桓王亲率诸侯伐郑，当场中箭。当兵绝非如后世所谓下贱事，而是社会上层阶级的荣誉职务。平民只有少数得有入伍的机会，对于庶人的大多数，当兵是一个求之不得的无上权利。

在这种风气之下，所有的人，尤其是君子，都锻炼出一种刚毅不屈、慷慨悲壮、光明磊落的人格。“士可杀而不可辱”，在当时并非寒酸文人的一句口头禅，而是严重的事实。原繁受郑厉公的责备，立即自杀。晋惠公责里克，里克亦自杀。若自认有罪，虽君上宽恕不责，亦必自罚或自戮。鬻拳强谏楚王，楚王不从；以兵谏，楚王惧而听从。事成之后，鬻拳自刖，以为威胁君上之罪罚。接受了一种使命之后，若因任何原因不能复命，必自杀以明志。晋灵公使力士鉏麑去刺赵盾，至赵盾府后，发现赵盾是国家的栋梁，不当刺死，但顾到国家的利益，就不免违背君命；从君命，又不免损害国家。所以这位力士就在门前触槐而死。以上不过略举一二显例，类此的事甚多，乃是当时一般风气的自然表现。并且这些慷慨的君子，绝不是纯粹粗暴的武力。他们不只在行政上能有建树，并且都能赋诗，都明礼仪，都善辞令，不只为文武兼备的全才。一直到春秋末期，后世文人始祖的孔子，教弟子仍用六艺，孔子自己也是能御能射的人，与后世的酸儒绝非同类的人物。

到战国时，风气一变。经过春秋战国之际的一度大乱之后，文化的面目整个改观。士族阶级已被推翻，文武兼备的人格理想也随着消灭。社会再度稳定之后，人格的理想已分裂为二，文武的对立由此开始。文人称游说之士，武人称游侠之士。前者像张仪以及所有的先秦诸子，大半都是凭着三寸不烂之舌，用读书所习的一些理论去游说人君。运气好，可谋得卿相的地位；运气坏，可以招受奇辱。张仪未得志时，曾遭楚相打过一顿，诬他为小偷。但张仪绝不肯因此自杀，并且还向妻子夸口：只要舌头未被割掉，终有出头露面的一天。反之，聂政、荆轲一类的人物就专习武技，谁出善价就为谁尽力，甚至卖命。至于政治主张或礼仪文教，对这些人根本谈不到。所以此时活动于政治社会上的人物，一半流于文弱无耻，一半流于粗暴无状。两者各有流弊，都是文化不健全的象征。

到汉代，游侠之士被政府取缔禁止。后世这种人在社会上没有公认的地位，但民间仍然崇拜他们，梁山泊好汉的《水浒传》就是民间这种心理的产品。

汉以后所谓士君子或士大夫完全属于战国时代游说之士的系统。汉武帝尊崇儒术，文士由此取得固定不变的地位。纯文之士，无论如何诚恳，都不免流于文弱、寒酸与虚伪；心术不正的分子，更无论矣。惟一春秋以上所遗留的武德痕迹，就是一种临难不苟与临危授命的精神。但有这种精神的人太少，不能造出一个遍及社会的风气。因为只受纯文教育的人很难发挥一个刚毅的精神，除非此人有特别优越的天然秉赋。可惜这种秉赋，在任何时代，也是不可多得的。

至于多数的士君子，有意无意中都变成伪君子。他们都是手无缚鸡之力的白面书生。身体与人格虽非一件事，但一般的讲来，物质的血气不足的人，精神的血气也不易发达。遇到危难，他们即或不畏缩失节，也只能顾影自怜的悲痛叹息，此外一筹莫展。至于平日生活的方式，细想起来，也很令人肉麻。据《荀子》记载，战国时代许多儒家的生活形态已是寒酸不堪。后世日趋愈下。汉代的董仲舒三年不涉足于自己宅后的花园，由此被人称赞。一代典型之士的韩愈，据他的自供，“年未四十，而视茫茫，而发苍苍，而齿牙动摇。”这位少年老成者日常生活的拘谨迂腐，可想而知。宋明理学兴起，少数才士或有发挥。多数士大夫不过又多了一个虚伪生活的护符而已。清初某理学先生，行步必然又方又正，一天路上遇雨，忽然忘其所以，放步奔避。数步之后，恍然悟到行动有失，又回到开始奔跑的地方，重新大摇大摆地再走一遍。这个人，还算是诚恳的。另外，同时又有一位理学先生，也是同样地避雨急走，被旁人看见指摘之后，立刻掏腰包贿赂那人不要向外宣传！这虽都是极端的例子，却很足以表现一般士君子社会的虚伪风气。这一切的虚伪，虽可由种种方面解释，但与武德完全脱离关系的训练是要负最大的责任的。纯文之士，既无自卫的能力也难有悲壮的精神，不知不觉中只知使用心计，因而自然生出一种虚伪与阴险的空气。

我们不要以为这种情形现在已成过去，今日的知识阶级，虽受的是西洋传来的新式教育，但也只限于西洋的文教，西洋的尚武精神并未学得。此次抗战这种情形暴露无遗。一般人民，虽因二千年来的募兵制度，一向是顺民，但经过日本侵略的刺激之后，多数都能挺身抵抗，成为英勇的斗士。正式士兵的勇往直前，更是平民未曾腐化的明证。至于知识阶级，仍照旧是伪君子。少数的例外当然是有的，但一般的知识分子，在后方略受威胁时，能不增加社会秩序的混乱，已是很难得了。新君子也与旧君子同样地没有临难不苟的气魄。后方的情形一旦略为和缓，大家就又从事鸡虫之争；一个炸弹就又惊得都作鸟兽散。这是如何可耻的行径！但严格讲来，这并不是个人的错误，而是根本训练的不妥。未来的中国非恢复春秋以上文武兼备的理想不可。

征兵的必要，已为大家所公认，现在只有办理方法的问题。目前的情形，征兵偏重未受教育或只受低级教育的人，而对知识较高的人几乎一致免役。这在今日受高深教育的人太少的情况之下，虽或勉强有情可原，但这绝非长久的办法。将来知识分子不只不当免役，并且是绝对不可免役的。民众的力量无论如何伟大，社会文化的风气却大半是少数领导分子所造成的。中国文化若要健全,征兵则当然势在必行,但伪君子阶级也必须消灭。凡在社会占有地位的人,必须都是文武兼备,名副其实的真君子。非等此点达到,传统社会的虚伪污浊不能洗清。

(原载《今日评论》1卷4期,作于1939年1月22日)

雅乐与新声

中国文化，自古即注重音乐。由音乐的变化，可看出文化的变化；由音乐的盛衰，可看出文化的盛衰。古代祭祀时有乐舞，外交酬酢时有赋诗，王公卿大夫的宫中都有瞽师组织的乐队，士族子弟大多能歌善舞，平民的婚姻也以田野中的唱和歌舞为背景。孔子以下儒家所提倡的礼乐之治，的确是对于前代传统的一种崇拜，并非无根的理想。但正如孔子所希望恢复的封建制度，当孔子在世时已发展到没落的阶段，孔子所推崇的音乐同时也已不甚时髦。孔子死后不久，封建全消，古乐也成为少数儒家一种抱残守缺的古董。对于一般的社会，古乐已不存在，连儒家所保守的音乐是否真正的或完备的古乐，也很成问题。一种音乐，不专是技术问题；整个的文化背景若已变化，旧的技术即或尚未失传，往往也无力继续维持一种旧的历史现象。在艺术史方面，此理尤为显著。以上一段变化，今日已无从详知，但大体的过程尚可探寻。

音乐当初并无新旧之分。但春秋晚期产生了一种新的音乐，于是旧乐从此就称"雅乐"，新兴的称为"新声"，又称"郑声"或"郑卫之音"或"濮上之音"，反对的人甚至称之为"淫声"或"亡国之音"或"靡靡之音"。新声发祥于郑、卫两国，在卫国的桑间濮上之地甚为发达。据《汉书·地理志》，"卫地有桑间濮上之阻，男女亦亟聚会,声色生焉”。濮水今已枯涸,故道在今河南延津县与滑县境内,属卫,近郑。《诗·鄘风》中有“桑中”之篇,乃男女相悦之诗,来源甚古,并非春秋末之新声。由“国风”中可知与“桑中”篇相类的情诗各国皆有,并不限于郑、卫,并且都是古代传下,而非春秋末年的产品。音乐史上的桑间濮上之音是另一回事,与郑、卫关系虽密,但不见得只是男女相悦之音,《汉书》中的解释不免有误会与附会之嫌。新声虽出于郑、卫,但要人中最悦新声的是孔子幼年时在位的晋平公(公元前557至前532年)。平公的乐师师旷,是春秋末期有名的大雅乐家,仍拥护古乐,据《国语·晋语八》的记载,他对平公的嗜好新声曾下断语:“公室其将卑乎!”后世关于平公与新乐,流传了一段美丽的故事,虽非实情,却含至理。据《韩非子·十过篇》,卫灵公朝晋,路过濮水,夜闻奇声,出自水中,遂命师涓代为写谱。师涓连听两夜,将声谱完全写下。到晋后,两君相会,灵公命师涓献新声,师涓鼓琴未终,师旷抚止之曰:“此亡国之声,不可遂也。”

平公曰:“此道奚出?”

师旷曰:“此师延之所作,与纣为靡靡之乐也。及武王伐纣,师延东走,至于濮水而自投。故闻此声者,必于濮水之上。先闻此声者,其国必削。不可遂!”

平公曰:“寡人所好者,音也,子其使遂之。”

师涓鼓动究之。平公问师旷曰:“此所谓何声也?”

师旷曰:“此所谓清商也。”

公曰:“清商固最悲乎?”

师旷曰:“不如清徵。”

公曰:“清徵可得而闻乎?”

师旷曰:“不可!古之听清徵者;皆有德义之君也。今吾君德薄,不足以听!”

平公曰:“寡人之所好者,音也,愿试听。”

师旷不得已,援琴而鼓。一奏之,有玄鹤二八,道南方来,集于郎门之垝。再奏之,而列。三奏之,延颈而鸣,舒翼而舞。音中宫商之声,声闻于天。平公大说,坐者皆喜。

平公提觞而起,为师旷寿。反坐而问曰:“音莫悲于清徵乎?”

师旷曰:“不如清角。”

平公曰:“清角可得而闻乎?”

师旷曰:“不可!昔者黄帝合鬼神于西泰山之上,驾象车而六蛟龙,毕方并鎋,蚩尤居前,风伯进扫,雨师洒道;虎狼在前,鬼神在后,腾蛇伏地,凤凰覆上。大合鬼神,作为清角。今主君德薄,不足听之。听之将恐有败!”

平公曰:“寡人老矣。所好者音也,愿遂听之。”

师旷不得已而鼓之。一奏,而有玄云从西北方起。再奏之,大风至,大雨随之,裂帷幕,破俎豆,隳廊瓦。坐者散走,平公恐惧,伏于廊室之间。晋国大旱,赤地三年。平公之身遂癃病。

这一段生动的故事,当然不能作为历史看,但也不是好事者的妄言。很可能春秋末战国初新声中一个主题,就是前代的许多神话故事。这可代表封建文化将消末时的一种最后的怀想与追念,其中因怀古不可复得而生的悲哀怨诉的声调特别凄惨动人。即或不然,这段故事最少也是历史事实的一种艺术化的绝好描写。由故事中可见新声靡靡悦耳,感人的魔力非常之深,性质近乎西洋所谓浪漫的音乐。末流所趋,此种音乐甚至可发展到与今日的爵士音乐相类的地步。(今日西乐中的“爵士”一词,几乎可说是中国古代“靡靡”一词的译名！）传统的雅乐，比较深沉醇厚，近乎西洋所谓古典的音乐，不专以声调感人，较声调尤为重要的是声调背后的信仰与理想。历史上大的革命时代，变化不限一方，而是普及于各部门的。春秋末战国初，是中国历史上的大革命时代，除政治社会的翻腾外，音乐也起了空前的变化：新声代替了雅乐，浪漫代替了古典。然而每逢革命，任何一种改变，一方面有人拥护，就是革命派，一方面又有人反对，就是保守派。春秋末最有名的保守派，无论讲到政治社会制度，或是讲到音乐，都是孔子。在《论语·阳货篇》中，孔子“恶郑声之乱雅乐”。《卫灵公篇》中，孔子的表示尤为清楚：“乐则韶舞。放郑声，远佞人。郑声淫，佞人殆。”孔子个人也的确能赏识雅乐，所以在齐国闻韶之后，竟至三月不知肉味！但极端保守的理想，最后总是失败。到战国时代，雅乐已成了古董，流行的音乐几乎都是新声。《礼记·乐记篇》，魏文侯（公元前400年左右）问子夏说：“吾端冕而听古乐，则唯恐卧；听郑卫之音，则不知倦。敢问古乐之如彼何也？新乐之如此何也？”这简短的几句问话，可说是音乐革命全部道理的一针见血之论，指明春秋与战国两个时代之间有一条不可强渡的鸿沟。好古的人尽管推崇雅乐，真能打动人心的只有新声。

雅乐是祭祀与朝会或宴享时的必需条件之一。祭祀时，以乐“降神”，以乐“媚神”。至于朝宴时，“我有嘉宾，鼓瑟吹笙”，是当然的。这是封建制度下的一种礼数，并不是为消遣或娱乐的。其中即或含有消遣娱乐的成分，也只是附带的，主要的作用是媚神与礼客。到战国时，古代的祭祀虽未全消，但祭礼大半已成了儒家的理想，各国实际多不注意。古代的宴享之礼，也不能继续维持。音乐已完全成了一种消遣，主要的目的是娱乐。至此“声”与“色”才结了不解之缘。子夏在《乐记篇》中批评新声的话绝非虚语:“今夫新乐,进俯退俯,奸声以滥,溺而不止。及优侏儒獶杂子女,不知父子。乐终不可以语,不可以道古。此新乐之发也。”新乐的主角是倡优,侏儒,歌男舜女,专供富贵之家的玩赏,古乐的郑重与庄严以及信仰理想的成分已经消灭净尽。

我们明白此点之后,对于墨子的极力反对音乐就不致感到难解了。《墨子》书中,除《非乐篇》外,《三辩篇》亦以排斥音乐为主题,可见“非乐”在墨子思想中占据很重要的地位。墨子诚然是一个庄严过度的人,对于一切的艺术大概都无赏鉴的能力,也完全不明幽默为何物。《论语》中不只屡次提到孔子发笑,甚至开玩笑,并且由许多章句中都可看出孔子是一个富于幽默而和蔼可亲的大师。《墨子》一书,虽超过《论语》的篇幅许多倍,但由始至终没有一句笑语。全部《墨子》中所表现的墨子人格,是一个诚恳过度,庄重过度,终生未尝一笑的人物。《庄子·天下篇》中批评墨子,说他“为之太过”,又谓“今墨子独生不歌,死不服”,又“其生也勤,其死也薄……使人忧,使人悲,其行难为也……反天下之心,天下不堪。墨子虽独能任,奈天下何?”又,“日夜不休,以自苦为极。”由这种种评语可想见墨子的终日拉长面孔而孜孜不已的精神,摩顶放踵以利天下为心的精神。此种人一般都是不笑的,也是不知艺术为何物的。墨子的仇视音乐,几乎成了一种变态心理。据《淮南子·说山训》,“墨子非乐,不入朝歌之邑。”城名有“歌”字,即不肯入,真是把音乐与洪水猛兽同样看待了!这即或是后人开玩笑的故事,也可证明墨子非乐论所给人的印象是如何之深了!

但墨子本人的个性,只能解释非乐的一部分。假定战国时代的音乐仍与春秋以上的音乐性质相同,仍为祭祀与朝宴时所必需,则信仰鬼神追求治平的墨子大概不致无条件的非乐。《荀子·乐论篇》，说了墨子一大篇不是，实际恐怕都是文不对题的门户之见。荀子所拥护的是雅乐，墨子所反对的是新声。正因为战国时代的音乐完全是娱乐品，并且往往是少数人的娱乐品，极端功利主义者的墨子当然要排斥攻击。同时，他本人又是一个不能赏鉴音乐的人，也就难怪他的非乐理论说得非常痛快淋漓了！

音乐一发展到纯娱乐的阶段，就离末日不远了。“亡国之音”的名称，甚为恰当；不只是国家将亡，新乐甚至可说是一种伟大文化将亡的先声。汉以下历代正史中虽都有讲到音乐的文字，但几乎全部是抽象的与机械的描写。秦汉以下，我们不再听到真正伟大的音乐，也不再见到大的音乐家。此后的所谓音乐家只是李延年一流的倡优人物，后世也日趋愈下。最近六七百年来的音乐，以戏曲中的声调为代表，可谓为音乐的极端末流。至于婚丧大事所用的音乐，使人听了真有哭不得笑不得之感！战国时代音乐虽已大变，但古代的雄厚之气尚未全消。高渐离与荆轲所共同奏唱的《易水歌》，虽然音调已完全失传，但寥寥十数字的歌词仍能使二千年后的人想见当时的悲壮气概。秦汉以下，文化的气息一代比一代微弱，以致到今日我们几乎成了一个没有音乐的民族。

近年以来，国人对古乐又渐注意，少数的有心人并且要在可能的范围内设法恢复古乐。真正的恢复，当然绝不可能。无论雅乐或新声，已都成为万古不复的过去。但这种运动却是中国又要产生新的伟大音乐的征兆，也是中国文化又要有新的发展的征兆。

（原载《中央日报》昆明版 1940 年 5 月 7 日）

古今华北的气候与农事

（一）古书中所见的古代气候与农事

《吕氏春秋·十二纪》的首篇，是战国晚期的一本农书，专记当时的中国，主要就是今日的华北，一年十二月的气候与农事。《礼记·月令篇》，全部照抄《吕氏》。当然也可能，《吕氏》与《礼记》都是由同一根源的古农书而来。这后一种可能，是很大的，因为此篇农书所记的情形，看来并非战国秦汉间气候与农事的实况，而为春秋以上的情形，编者不过是依古书照抄而已。关于此点，容待下面再讲。我们现在先把书中重要的气候与农事的纪载，逐月录述如下：

（1）孟春正月。

（2）仲春二月。

（3）季春三月——

为麦祈实。

是月也，命有司曰："时雨将降，下水上腾，循行国邑，周视原野，修利堤防，道达沟渎，开通道路，毋有障塞。"

（4）孟夏四月——农乃登麦。

（5）仲夏五月——农乃登黍。

(6) 季夏六月——水潦盛昌……大雨时行。

(7) 孟秋七月——

农乃登谷。

命百官始收敛,完堤防,谨壅塞,以备水潦。

(8) 仲秋八月——乃劝种麦,毋或失时。

(9) 季秋九月——

霜始降;

是月也,天子尝稻。

(10) 孟冬十月——水始冰,地始冻。

此后的两个月,与本文所要谈的问题无关,从略。

上面所列的月份,当然都是夏历,夏历似乎自古就是民间最通行的历法。但夏历每两三年闰月一次,月份与季节实际永远不能完全配合。所以所谓某月如何如何乃是理想的,而非实际的。实际前后可有少则几天,多则半月二十天的差别。但因历来纪月,大多以夏历为准,本文仍用夏历。文中每提五月,我们可想及阳历六月;每提六月,可想及阳历七月,观念与事实就可大致相符。

(二) 古书资料的解释

现在我们可按顺序,把上面所引各节,与今日华北的情形做比较研究,并尽可能搜集古代气候农事的实际纪录,看看是否与《十二纪》及《月令篇》吻合。

正、二两月,无可讨论,我们可从三月份谈起。

(3) "季春三月,为麦祈实。"这一句话很可注意。一般的谷实，由出穗到收获，时间并不太长，三月既为麦祷告穗实丰满，那是麦即将熟的一个预示。

三月另外所引一节，似乎讲到古代春雨颇丰，甚至常有春雨“障塞”淹田的危险，所以必须“道达沟渎，开通道路”。所谓沟渎，在古代都是田亩之间由人工挖掘的通水之渠，因此紧联上句的“堤防，”所指并非江河的堤防，而是沟渎的堤防。文中明言“周视原野，修利堤防”，显然是指田野中的堤防而言。关于此点，《考工记》“匠人”条所述甚详：

> 匠人为沟洫。
>
> 耜广五寸二耜为耦。一耦之伐，广尺深尺，谓之甽。田首倍之：广二尺，深二尺，谓之遂。
>
> 九夫为井，井间广四尺，深四尺，谓之沟。
>
> 方十里为成，成间广八尺，深八尺，谓之洫。
>
> 方百里为同，同间广二寻，深二仞，谓之浍，专达于川，各载其名。凡天下之地势，两山之间必有川焉，大川之上必有涂焉。

与这一段相辅而行的，有《周礼·地官》“遂人”条的一段：

> 夫间有遂，遂上有径。
>
> 十夫有沟，沟上有畛。
>
> 百夫有洫，洫上有涂。
>
> 千夫有浍，浍上有道。
>
> 万夫有川，川上有路。

这两段文字的意义很清楚,无需多加解释。古代田野中,满是沟渠与堤防,同时堤防也就是人行的道路。村里之外,一望无际,都是纵横交错的堤防与沟洫,一方面为田间的界线与行道,一方面为雨水过剩时的宣泄系统。沟渠系统间,大概有闸,平时水闸关闭,以备灌溉。如雨水过多,就可放闸,使余水由遂而沟,由沟而洫,由洫而浍,最后流入自然的大川。

这两段记载与所谓井田制度有关,而井田制度是近些年来许多人根本怀疑的。如果说当时天下各国各地的土地都如此方方正正的划分,当然不可能,但周代在理论上与法制上有一套比较整齐规则的土地划分方法,则无可置疑。我们可以不管孟子以来越说越糊涂的圣王之下如何美满的那一套,我们不要把井田看为一个土地制度的问题,而主要地要看为一个土地利用的技术问题,如果牵涉到土地制度,那也仅是偶然的。井田在历史上自有它重要的技术性的地位。我们所要讨论的也是此种技术问题,迄无定论的土地制度问题,从略。我们从各方面的佐证,以及古代传下的成语与口头禅,都可看出井田为实有其事。现在先讲古籍中可靠的或比较可靠的记载。

《诗经·周颂·噫嘻篇》:"率时农夫,播厥百谷,骏发尔私,终三十里,亦服尔耕,十千维耦。"

《周颂·载芟篇》:"千耦其耘,徂隰徂畛。"

这都是西周的诗。第一篇描写一万人(十千)在三十里的范围之内,分为五千对(耦)而耕田。第二篇描写二千人合同锄草,一下锄到田间(隰),一下又锄到田边的人行小道(畛)。古代确有如此大规模的农作场面,在规模如此之大的计划性的农事操作下,像上面《考工记》与《周礼》所讲的整齐土地划分,是可实行而无困难的，甚至可以说是很自然的事。

特别提到沟洫的，古籍中也有几条。

《尚书·益稷篇》："禹曰……予决九川，距四海；浚畎浍，距川。"

《论语·泰伯篇》："子曰……卑宫室而尽力乎沟洫。禹，吾无间然矣！"

《孟子·离娄下篇》："七八月之间雨集，沟浍皆盈。"

《左传》"襄公十年冬"："子驷为田洫，司氏，堵氏，侯氏，子师氏皆丧田焉。"

上面《论语》中孔子称赞禹的话与《尚书》中禹所自讲的话，是同一个故事，都是到春秋晚期大概早已流行的关于禹勤苦治水的故事。《尚书》中特别讲明禹把畎浍的水引入川中，把川中的水最后又导之入海。这虽只是一个故事，但故事中的这种说法是必有事实根据的，事实根据就是古代实际的沟洫制度。孟子的话，证明古代确有沟浍，专为容纳夏季多余的雨水。（孟子所用的月份是周历，所谓七八月就是夏历的五六月。周历、夏历的问题，下面当再说明。）至于《左传》中的记载，根本是一件具体的史实。子驷依势扩大自己的田洫，把另外四家的田都圈在自己的沟洫系统之内，这证明沟洫是古代田地系统不可分的一部分。

现在再谈古代关于堤防或路涂的资料。

《礼记·郊特牲篇》，记载古代农事结束时的一种隆重祭祀与庆祝，称为大蜡或八蜡，就是感谢八种与农事有关的神明，其中第六种为坊，就是田间的堤防，第七种为水庸，就是田间的沟渠。

此外，与堤防或道涂有关的，有几种自古传下的成语或名词，颇堪玩味。按《周礼》"遂人"条所讲，道涂分为五级：径，畛，涂，道，路。这并非虚构，而为古代实际的名称与概念。自古至今，只有“道”与“路”可以“大”字形容，其他三种不能言大，因为在古代井田沟洫盛行时，行道系统中的大道为“道”与“路”二种。“大路”一词，自古流通，《诗经·郑风》有“遵大路”一篇。“大道”一词不似“大路”通行，《诗经》中有“周道”（见《小雅·小弁篇》、《大东篇》），其意为大道。但抽象化之后，“大道”成为习用的名词，《礼记·礼运篇》中的名句为“大道之行也，天下为公”。今日俗语中“大路”与“大道”意义相同，可以互用。至于“径”字，若加形容词，只能说“小”，古今皆然。因为径小，给人的印象不佳，孔子的门徒甚至认“行不由径”为美德（见《论语·雍也篇》）。“畛”与“涂”，处在中间，不大不小，所以向来不用“大小”两字作为形容词。（径，畛，涂，道，路五词都是专名，五者合称的类名，普通用五者正中的“涂”字，称为五涂。上引《考工记》“大川之上，必有涂焉”的“涂”字就是类名代专名的用法：若用专名，当说“必有路焉”。）

又有很古的一句成语：“道听而涂说”，就传到今天的古代文献而言，此语是孔子最早说的（见《论语·阳货篇》）。今日一般都解释为“在路上听了，又在路上传说出去”，甚为平淡。注疏中已采此种解释：“若听之于道路，则于道路传而说之”，乏味之至，因为这是丧失了古语原来精神的解释。古代实际的意义是“在大路听了，转弯到小路就给说出去了”，描画得活现生动而有力！

因为古代有如上所论一套复杂的沟洫系统，所以除非是江河决口，农田是有旱无潦的。无雨或缺雨，可致旱灾。但雨多，并不致发生水潦之灾，因为雨水有所宣泄。也正因如此，古代农民的宗教中有旱神而无潦神。旱神称魃，是古代农民所最怕的一位女神，《诗经·大雅·云汉篇》，全篇都是因“旱魃为虐”而引起的呼吁。

雨神称“雨师”（见《周礼·春官》“大宗伯”条），专司下雨，农民一般是希望他下雨，并不怕他下雨太多。雨师是雨神，而非潦神，在整个神谱中也不见有潦神。这证明古代如有水灾，普通都是河决所致，那要由河神负责；雨水本身极难成灾，所以少而又少的雨水之灾没有专神司理。雨潦没有专神，却有专名，今日华北农村中对于雨水引起的淹没情形，称为“立潦”。雨水由天而下，与地合成立体形，因有此名。这种复杂观念的专名，正证明立潦一向为非常特别的事；因为极其少见，所以若一遇到，就给人印象甚深，因而给它起了一个专名。《春秋》“二百四十二年”中，记载因旱祈雨的二十一次，而大水仅有九次，其中可能有的为河决，而非立潦。

（4）“孟夏四月，农乃登麦。”这在今天似乎是不能想象的事。今日麦熟，一定要到五月，普通是五月中旬，最晚的可到五月下旬。但在古代则麦熟确在四月。殷商西周，无可稽考。《左传》中有两次提到麦熟，都为四月。一为隐公三年（公元前720年），《左传》文曰：“四月，郑祭足帅师取温之麦。”这显然是在麦将熟时去抢先割取。另一次为成公十年（公元前581年），记载晋景公在四月要尝新麦，把新麦制熟之后，未及食而死。（关于晋景公事，《左传》原文为“六月丙午，晋侯欲麦”。按《春秋》一书全用周历，周历六月为夏历四月。《左传》记月份时，绝大部分也用周历，隐公三年那一次用夏历，在《左传》为变格，大概是著者采用史料时未加改变，以致体例不能划一。）

由这两个具体的例证，我们可说至迟到公元前720至前580年间，华北一带，麦熟仍在四月。再过一两个世纪，进入战国时代后，麦熟的时间如何，史无明文。但这的确是一个重要的问题，容待下面再讲。

（5）“仲夏五月，农及登黍。”这一条较上面四月麦熟的一条尤为惊人。因为麦熟，古今相差不过一个月。至于登黍，今日一般都在八月，最早也不能早过七月底。可惜关于此点，《左传》或其他古籍中，没有一个实例，可作讨论的根据。

（6）“季夏六月，水潦盛昌，大雨时行。”似乎古代在六月时，雨水甚大，不似后代华北成语中的所谓“十年九旱”或“三年两旱”的情形。这一点也待下面讨论。

（7）“孟秋七月，农乃登谷。”似乎黍最早熟，其他的秋禾，七月开始成熟。这比今天要早一个月，今天华北秋收的开始是在八月而不在七月。

七月又提到“完堤防，以备水潦”。似乎古代一直到七月时，雨水仍然很多。这也与后日的华北不同，后日的华北，以六月为雨量集中之月，到七月雨已有限，少有水潦的危险。河决又当别论。

（8）“仲秋八月，乃劝种麦，毋或失时。”古代到八月时，大部的谷物已经登场，农民已开始有闲，可以及早种麦。今天道理仍然相同，但农民往往因收获的工作尚未忙完，到八月底才得暇种麦，甚至有迟至九月初麦才下种的。为使麦生长足时，最好是在八月中旬下种，古代似乎可以作到此点。后世秋熟较晚，所以宿麦下种也随之延期。也因为如此，所以转年麦熟也延后了一个月，由古代的四月变成今天的五月。宿麦的生成与获量，主要的不在第二年，而在第一年，第一年秋季生长的时间长，对麦实特别有利，第二年何时成熟，在田间生长的时间略长略短，关系反倒不大。所以专就此点而论，古代宿麦的收获量恐怕要高于后世的。

（9）“季秋九月，霜始降。”今日仍然如此。二十四节气中的霜降，今日为“九月中”，就是九月下半月的节气。至今每年下霜，仍在此时,由古至今似乎并无变化。

又,“九月尝新稻,稻初熟。”这也与今日同。把后来由外传入的谷物如玉米之类(晚熟的变种)除外,稻在华北至今仍是最晚熟的谷①。九月霜降,此后任何谷物就都不能再生长了。由霜降与稻熟两事看来,生长季节的最后关口,古今完全相同,以大天时而论,古今基本的气候未变。但在大的未变之内,似乎有小的伸缩,而这种小的伸缩对于生产与人生却可发生莫大的影响。这就都属于“事在人为”的范围了,下面当再讨论。

(10)“孟冬十月,水始冰,地始冻。”这也与九月所纪两事一样,古今相同。今日的华北,“水始冰,地始冻”,一般是在十月上旬中旬之间。

---

① 中国原有的稻为晚熟种,九月方才登场。到宋朝大中祥符四年(公元1011年)中国才经福建传来占城稻,是一种比较能够抗旱的早熟稻(见《宋史·食货志上》一)。以今日河北省境而论,小站稻为早熟种,八月上旬登场,京西稻或海淀稻为晚熟种,由八月末尾开始,直到九月上旬的末尾,才全部收割竣事。

但有一点,我们须要注意。今日稻的变种极多,恐怕远非古人所能想象,无人敢说中国今日的晚稻就是先秦的普通稻种。我们惟一所要说明的,就是古代中国只有晚稻,九月成熟,而今日华北的晚稻,成熟仍在九月。

今日与稻同时成熟的尚有玉米,那是明朝晚期欧洲人由新大陆传入中国的。玉米是印第安人对于农业最大的贡献,也有早熟晚熟的变种。早熟种八月上旬收割,与早稻同时;晚熟种八月底、九月初收割,与晚稻同时。

明末有三个人在他们的作品中著录玉米:(1)李时珍《本草纲目》曰:“玉蜀黍,种出西土,种者亦罕。”可见明末玉米虽已传来,而种植仍少,尚无今日成为华北许多地方主要民食的情形。(2)王世懋《学圃杂疏》,提到此谷,称为“西番麦”。(3)田艺蘅[人名]《留青日札》曰:“御麦出于西番,旧名番麦,以其曾经进御,故名御麦。”由田氏的记载中,我们或者可以断定,今日通行的“玉米”或“玉蜀黍”一类名词中的“玉”字只不过是“御”的简化字,因为此谷无论就形,色,或任何其他特征言,都与玉联系不上。

此谷在中国各地名称不一,除上面已提到的外,尚有玉高粱、戎菽、玉麦、玉蜀秫、包谷、红须麦、珍珠米等异名。然而最特别的是江淮之间有些地方的“六谷子”之称,证明此谷非同小可,是中国旧有的所谓“五谷”之外的最重要的谷类。

（三）较为温湿的古代华北

由上面所论，材料虽嫌不多，但已可看出，古代的农事季节比较后世略早，气候似乎微有不同。三千年前，殷商时代，殷的王畿就是今日的平原省。当时这一带林木较多，由甲骨文中可以看到，王公时常出去猎象。根据《吕氏春秋·古乐篇》的记载，殷人并且训练象队去作战，后来周公东征，才把象驱逐到江南：

> 成王立，殷民反，王命周公践伐之。商人服象，为虐于东夷，周公遂以师逐之，至于江南。

以上一段，与《孟子·滕文公下篇》所记载的是同一件事：

> 周公相武王，诛纣伐奄……灭国者五十，驱虎豹犀象而远之，天下大悦。

今日的中国，不只北方无象，连江南以至于西南也不见象。三千年来自然变化之大可以想见。《汉书·地理志下》篇，谓粤地（今浙东、福建、两广之地）“处近海，多犀象”，但对江南则未提起，证明在周公驱象的一千年后，粤地仍然有象，但在江南象已绝迹了。有象的自然条件，一需较多的林木，二需较大的雨量，三需较暖的气候。今日的华北，绝不可能自然有象，今日在北方的动物园养象，尚须特别慎重，否则象的寿命随时可以告终。三千年前，华北虽非森林地带，但齐鲁之地林木极丰，其他各地最少山上与山麓都有林木。在自然的林木未被人力毁灭之前，比较的风调雨顺，并且雨量大致是充足的，没有后日华北的经常干旱现象。但因为雨水普遍集中于五、六、七三个月，尤其是六月，如果听其自然，就时常要有立潦的危险。所以从很早以来，可能是自殷商以来，就有一种非常复杂的堤防沟洫制度，使雨水不致成灾，附带的并可供需要时的灌溉。

以上的情形，殷商没有问题，西周时大致仍勉强维持旧观。春秋时代，恐怕问题渐渐发生，自然的林木到春秋晚期大概已被人砍伐殆尽，风调雨顺的美景成了例外；风雨不时，气候生变，《左传》中所记公元前581年的麦熟，虽不能说是最后一次的四月麦熟，但此后恐怕没有能把早至四月的麦秋维持很久。进入战国之后，由孟子在《告子上》篇对于牛山所发的叹息，可见连当初林木较多的齐鲁之地也已是遍地童山，其他各邦可想而知。人力对于自然的摧残，实在可怕。近乎亚热带的昆明，今日有“前山炭，后山炭”的说法。昆明的燃料为木炭，五十年前所烧的还是前山炭，就是面对昆明的山坡上林木所制的炭。今日前山大部已成童山，只有烧后山炭了。但如不及早设法，再过五十年，可能连后山也无炭可烧了！近乎亚热带的云南尚且如此，在温带的地方，如果只知伐林而不知造林，其后果的严重——请看今日的华北，特别请看今日的西北！

我们都知道，到战国初期，有所谓“变法”的运动，大家熟知的是商鞅在秦国“废井田，开阡陌”。实际各国无不如此，很多地方改革还在秦国之前。最早发动变法的为李悝。李悝相魏文侯，变魏国法，魏因而成为战国初期最强的国家。不久之后，楚悼王用吴起变法。吴起原与李悝同事魏文侯，对于魏国变法事可能也有贡献。

吴起后来由魏转仕于楚，变法的政策恐怕仍是李悝在魏国所作的那一套。商鞅原来也在魏国候差，候差不成，方到秦国，他对李悝的那些办法一定很熟习，到秦国后也就如法炮制。①

商鞅变法，一向都说是“废井田，开阡陌”。这简短的六个字，意义极为重要。两句话所讲的是一件事的两面，“废井田”是就耕田本身而言，“开阡陌”是就耕田的疆界而言。阡陌就是古来传下的田间堤防，也是人行径路。《史记索隐》在《秦本纪》“开阡陌”句下引《风俗通》：“南北曰阡，东西曰陌。河东以东西为阡，南北为陌。”可见到汉代，残存田间的径路仍用古代“阡陌”的旧名，而河东一地对此两字的用法与其他地方恰巧相反。所谓“开阡陌”，就是把堤防铲平，也就等于说是“填沟洫”，用堤防的土把沟洫填满。当然不能把阡陌全部废掉，大部与交通无关的“径”都被取消，只留下交通所必需的“道”、“路”，一部分的“畛”、“涂”，与极少数的“径”。同时，在水道方面，自然的大川不必说，洫浍大概还保留了一部分，至于特别多的遂沟，恐怕全部或绝大部分都填平了。此种变法之后，多少世代以来比较方正的纵横交错的田野景象，就一去而不复返了。就土地面积论，耕地增加了不少，过去沟洫所占的地方大部已可耕植。所谓李悝“尽地力之教”，所包含的或者方面甚广，但其中的一面恐怕就是这种利用一切土地面

① 关于李悝为变法之祖一点，《晋书·刑法志》曰：“是时［曹魏］承用秦汉旧律，其文起自魏文侯师李悝。悝撰次诸国法，著法经……商鞅受之以相秦。”关于商鞅，见《史记·秦本纪》及《商君传》。关于吴起，见《史记·吴起传》。李悝在历史上处在一个关键的地位，可惜司马迁史识浅陋，没有能够根据汉时仍存的丰富资料特别为他立传。李悝的著作或别人论他的作品（见《汉书·艺文志》），后世全部失传，只有《汉书·食货志》保存了一段很简单的有关他“尽地力之教”的文字。

积的一点。

这个改革，可能尚有其他社会经济的背景，但这不在我们现在所要讨论的问题范围之内。我们所要注意的，就是在自然方面使此事成为可能的，正是孟子所指出的童山现象。到战国初期，自然林木摧残的程度，已使雨水极不可靠，大部的年岁是雨量不足，沟恤已成虚设，无水可泄，把它填起，也无引起立潦之灾的危险，并且可以增加耕地的面积。在气候与农事方面，战国初期是一个大关键。从此雨量减少，旱灾加多，春夏之间的气候失调，天气一般的过度干燥，谷物的生长逐渐延缓。麦本为四月熟，熟期趋于延后，再加以前一年播种后延的倾向，使麦的晚熟，成为不可避免，最后成了五月熟的谷物。黍本为五月熟，后竟延缓两个多月。开始大熟，原在七月，后来延到八月。种麦原在八月，后来渐渐改到八月底九月初。这一系列的变化，追根究底，都是由人力对自然的盲目摧残所引起。大的自然环境并无变化，农事大关口的霜降，古今一样。但人谋的不臧，使开始农忙的二月与农闲开始的九月之间的各种农民活动与谷物生长发生了剧变，一般的讲，这些变化都是对农事不利的。从战国初年到最近，二千二三百年的功夫，就自然方面讲，华北大致的情形未变，如有变化，只是林木的摧残日愈严重，旱象也日愈成为“正常”。例如关中之地，直到唐朝仍称沃土，但自中唐以下逐渐枯干，演成后日西北的近乎半沙漠的状态。今日的西北，山上不只无树，少数的山上连草也不能生。因为树已烧光之后，只有烧草。草也不济，冬天就到山上挖掘土中的草根，作为燃料。至此山坡的浮土全无保障，转年雨降，把浮土冲刷净光，剩下的岂仅是童山，简直是百分之百的石山，除青苔外，任何植物也不再生长。

我们上面推论,自战国初期起,气候与农事的季节开始改变。但战国末年的《吕氏春秋》与战国秦汉间的《礼记》仍说麦熟在四月,黍熟在五月,似乎与推论不合。笔者认为《吕氏》与《礼记》所传,都是照抄古代农书上的文字,并非当时实情。文中谈到一套一套的天子如何如何的繁复仪式,都是春秋以上赋有大巫身份的天子所作的事,到战国时代早已成了过去。战国秦汉间的人,一般的只讲理论与古典,对于眼前的事反不太注意。可惜关于战国秦汉六百年,找不到与农事季节有关的具体记载;最早的此类资料,到晋朝才又见到。《晋书·五行志下》篇有下面两段文字:

> 咸宁五年(公元 279 年)五月丁亥,巨鹿,魏郡,雨雹,伤禾麦……六月庚戌,汲郡,广平,陈留,荥阳雨雹。景辰[丙辰]又雨雹,陨霜,伤秋麦千三百余顷。
>
> 太康元年(公元 280 年)五月,东平,平阳,上党,雁门,济南雨雹,伤禾麦。

以上一连两年,都讲五月雨雹伤麦,其中一年五六两月都提到麦受雹灾,证明至迟到三世纪晚期,麦熟已不在四月,而已延至五月,甚至可以晚至六月。但我们可以断定这并非三世纪晚期才有的现象,由各方面的材料综合看来,六百年前恐怕已开始生变,至迟到战国中晚期时(公元前 300 年左右),农事的季节恐怕已与今日无大分别,甚至可能在李悝的时候(公元前 400 年左右)变化已很彻底,已与今日大体相同。

(四)今日的情况与前景

上文所论,都是过去人谋不臧的情形,今后我们当然不会再像过去的一切听其自然。上论的凄惨景象全出人为,既出人为,人力也就很易补救。近来我们已在计划在中国的北边种植防沙林带,在内地也计划大规模植林,两种计划实现后,华北应当不难恢复三千年前的温湿环境。我们纵然不能希望再在此地猎象,其他的三千年前景物可能都再出现,华北的外观很可能要接近于今日的江南。撇开并行发展的科学技术不谈,只此一点,就必将大量增加华北各地的农业生产。

今日我们的造林计划尚未大规模实施,然而最近几年已发现气候与季节在开始转变,关于这个转变,最值得注意的有下面两点:

(一)冬春之际已无黄风沙。抗战之前,每年冬春之际,一定有一两次惊人的风沙,黄尘弥天,对面不见人,白昼即须点灯。风过之后,屋里屋外都是一片黄世界。但由1946年冬到1950年春,四度冬春,没有发生过一次此类的大风沙。这恐怕绝非偶然。此种令人可喜的变化,何年开始,可惜难考。抗战与胜利的九年之间,找不到与此有关的观察资料,无从判断。所以我们只能说是1946年以下开始无大风沙。

(二)二月兰开花时期发生变化。华北有一种十字花科的野草,俗名二月兰,学名旧称 moricanda sonchilolia,新称 orychophragmus violaceus。我们所要注意的是它的俗名。就俗名论,此花一向名实不甚符合。名为二月兰,但过去开花总要到三月,即清明之后。笔者注意此事,将近四十年,只要是身在华北,每到春季必观察此花没有例外的花期一定是在清明之后。私下曾有一个假定,就是此花从前开放是在二月,后来不知何故花期改晚,但习惯上仍称二月兰。然而这也只是假定而已,无法证明。1946年复员北返后,转年就发现此花开放有提早的趋势,1950年特别惹人注意,在清明前已零零散散地开花,清明一过遍地怒放。这是前所未有的花事,并且一定又是事出有因的。

以上两点,我们可以总括如下:(一)华北风沙减少,那就是说北边与西北边沙漠地带的沙粒刮到华北的已经大量减少;(二)花开提早,也就等于说,春暖略为提早,植物的生长季节略为向前加长。

这以上两事,我们要如何解释呢?除一部分或为自然界临时的或偶发的现象外,另一部分可能与苏联中亚细亚几个加盟共和国中的大规模植林、养草与垦田,以及在苏联协助之下蒙古人民共和国的彻底建设与开发不无关系。中国北方与西北方两面的飞沙来源都在大量减少之中,这可能是我们这几年不见大风扬沙的基本原因。同时,近邻改造自然所引起的变化,也一定影响到我们的国土,生长季节的加长,间接的或者就由此而来。近几年雨量的趋于增加,主要的虽决定于太平洋的气流,但间接的可能也与中亚、北亚改造自然的事业有关。这当然不是说,近几年的多雨要成为正常现象,将来一定不会有旱灾,而是说今后比过去两千年可能要较为风调雨顺。

以上的推论如可成立,将来我们不仅可以恢复古代的景象,并且可以超迈前古。就中国自己讲,我们用科学方法大事建设与改造自然之后，整个环境应当远优于殷周之际听其自然的局面。再有一点，我们西北与北边边疆以外的大环境，一万年来，自世界发展较快的地带由旧石器文化过渡到新石器文化以来，虽也有过变化，但自中国有比较可靠历史的殷商一代以来，大体没有改变，就是一般人印象中的沙漠状态。现在这个大环境已被苏联从根本上加以改造，并且仍在继续改造之中，所以我们将来无论就内部讲或就外边讲，所处的都将是一个全新的世界，今日一想到华北就在脑中浮起的干旱平野印象，大部将要成为历史上的陈迹。

恐怕许多人不容易想象华北成为山清水秀之乡，还有一个不甚自觉的原因，就是因为这是“北”方。例如一提到北京的位置，人们大概就联想到莫斯科，华沙，柏林，巴黎，伦敦，而不知这些城市都远在我们之北。我们如果顺着直线把北京向西推移，可把它推到地中海上，在地中海上选定地点停住之后，向外一望，就可发现连罗马还在北京之北，与北京并列而稍微偏南的是雅典与里斯本。当然，大陆的华北与海国的希腊，意大利或葡萄牙，不能相提并论，但过去华北的干荒景象的确是人为的成分多，自然的成分少，我们只要好自为之，将来的新华北要超过我们今天所能想象的程度。

（五）重建沟洫问题

美好的远景，没有问题。但这里有一个目前就须注意到的小问题，就是最近两年有些个别区域所遭到的淫雨之灾。最近两年离奇的大雨，一定不会长久继续，但上面的推论如果正确，今后华北要比较的风调雨顺，雨量也要比较的增加。若果如此，雨水宣泄就成了一个急迫的问题。立潦是非常可怕的，从某一方面讲，较河决的冲没尤为严重。河决影响的范围，有一定的限度。大雨成灾，可以波及河决的洪水向来不能达到的地方。并且立潦的性质，恐怕也时常被人忽略。河决后的水潦与大雨后的立潦，性质根本不同。河决之潦乃深水淹没之潦，水深一尺以及数尺，一切禾稼完全淹死。这是绝对的，除非事先防河不决，否则一决之后，就已无计可施。但河决的问题，不属本文讨论的范围，可暂不谈。至于大雨淹田，浅则一二寸，除沼泽之地外，最深亦不过数寸，平地雨水盈尺，在华北为不可见的事。三数寸的水，实际不出几天就都渗入土中，禾稼本可不受损害，其损害不来自雨水，而来自雨后的阳光。积水一二寸之后，天气放晴，亢阳大照一日，水已半沸，把禾稼蒸萎，收获当然减成。如果水深数寸，一时不能渗完。三五天、五六天的日晒，把禾稼几乎蒸熟，结果只有焦黄死去。反之，假定积水后，雨停而天阴，让雨水慢慢地渗净，则禾稼可以不受损害，或只受极轻微的损害。此理讲明后，沟洫的功用不言而喻了。如开沟洫，田间只要积水，立刻放入沟中，立潦发生的可能就将减少到最低的限度。古代雨量较大，就是靠沟洫避免立潦的时常发生。战国以下，林木的砍伐使雨量减少，沟洫填平，也少有立潦的危险。现在看来，雨量可能又要较过去两千年略为增加，类似古代沟洫的办法必须采用，方能避免立潦之灾。①

① 近两年的多雨，使我们在北京近郊可以具体地明了沟洫的功用。北京近郊公路的两旁，多有明沟，乃为防止公路夏季积水而设。最近两年，夏季沟满，公路交通仍然无阻。但附带受益的还有沟旁的农田，田中的余水也都流入沟中，所以路旁的田没有受灾。然而不出一二里之外的田，只要较为低洼，就或多或少地遭到立潦。

新的沟洫制度如要建立，为免发生大的困难与错误，可先作小规模的尝试。第一，可先由目下已有的少数国营农场作起。另外，可选择少数地势与政治条件都适合的农村，来作试验。在这两种情形下，学习经验，发现问题，如果证明确有必要，再推行全国，或最少是推行华北。

最少就华北而论，沟洫主要的功用是宣泄，而非灌溉。华北总是比较干燥的地带，如真天旱，沟中的一点积水恐怕很快的就要蒸发净尽，很少能供灌溉之需。在没有可以实行的更好的办法之前，真要灌溉，恐怕仍靠打井；只有普遍的打井，才能使华北永脱干旱之苦。

惟一可能的重要反对意见，就是把一部分良田开为沟洫，未免太不经济，太不合"尽地力之教"的道理。此点诚然。但沟洫仍可供生产之用，并非完全荒废。例如种藕，既省精力，又可增加菜食的供应。如善于计划，沟中甚至可以养鱼，使终年素食的农民食谱得到调剂。但如果要保障沟洫的生产，就更需要打井，天旱时不只需要井水灌田，并且也要灌沟。所以凡是挖掘沟洫的地方，同时也要挖井。

另外还有一个可能的问题要考虑的，就是沟洫纵横，将来难免要阻碍农业经济集体化时机器的自由运用。这的确是一个应当照顾到的问题。但此中困难并不太大，将来如果发现阻碍，可将内圈的较小沟洫填起，让机器有回旋的余地，把外圈的沟略为加宽或加深，仍可适合泄水的需要。填满的工程远比挖沟简单，在今日无需顾虑到此。目前的问题，是如何为平坦的田，尤其是低洼的田，解除立潦的威胁。

此种沟洫制度如能实行，除解决立潦问题外，尚可能另有一个良好的影响,就是给农民一个在日常生产活动中学习合作的机会,为将来集体农场的建设铺平道路。农民一向是惯于个体经济的,须靠合作来挖掘与维持利用的沟洫系统或者是将来能够体会集体经济的一个助力。假定每一个自然村,甚至每一个行政村,作为一个沟洫系统的单位,这恐怕是在形象上、意识上、与具体工作上训练合作的一个相当有效的办法。

至于华中、华南,无论是平地的水田或山地的梯田,一向依赖灌溉,农民之间多少都有过合作的经验,不过合作的程度不高,规模不大,不够系统化。将来土改完成后,如能鼓励他们,使灌溉更加系统化,合作的范围更加扩大,也可成为集体生产的一种准备学习。

(原载《社会科学》第6卷第2期,作于1950年8月31日)

雷海宗先生学术年表*

1902 年(光绪二十八年)

6 月 18 日(阴历五月十三日)生于河北省永清县一个具有书香门第气息的中农家庭。雷海宗,字伯伦,原名得义。父亲雷鸣夏为永清县基督教中华圣公会牧师。

1910 年(宣统二年)

2 月,就读于京兆(顺天府)永清县南关镇基督教中华圣公会蒙学堂。

1913 年

2 月,就读于京兆永清县存实学堂小学部。

1915 年

2 月,就读于京兆永清县存实学堂中学部。

1917 年

8 月,就读于北京崇德中学(中华圣公会学校)。

1919 年

8 月,就读于清华学校高等科。聪颖好学,在西学、中学两方面都打下扎实的基础。在新文化思潮与五四运动的影响下,树立起

* 本年表由王敦书整理编写。

强烈的爱国思想与献身科学的志向。

1922 年

6 月,清华学校毕业。

9 月,公费留美。就读于美国芝加哥大学历史学系,主科学习历史,副科学习哲学。留学期间规劝中国同学不要受到美国物质文明与生活方式的影响,当专心读书,学成归国报效祖国。

1924 年

6 月,入芝加哥大学研究院历史学研究所学习。

1926 年

1 月至 6 月,由留美同学冀朝鼎介绍,在芝加哥大学参加“国情谈话会”团体。

撰写博士学位论文《杜尔阁的政治思想》,深受其导师、美国著名历史学家 J. W. 汤普逊的器重。

1927 年

6 月,芝加哥大学研究院毕业,获哲学博士学位。

8 月,返回中国,任南京中央大学历史学系副教授,讲授西洋史及中国上古史。

1928 年

3 月 4 日,在《时事新报》发表《评汉译韦尔斯著〈世界史纲〉》。

1929 年

8 月,任中央大学历史学系主任。

在金陵女子大学兼课,讲授西洋史、中国哲学史。

1930 年

与张景茀女士结婚。

在中央大学文学院历史学系主办的《史学》第 1 期发表《克罗

奇的史学论——历史与记事》。同期再刊登《评汉译韦尔斯著〈世界史纲〉》。

1931 年

2 月,任金陵女子大学历史学系教授,兼在金陵大学中国文化研究所研究中国古代哲学。

7 月,在英文版《中国社会及政治学报》第 15 卷第 2 期以英文发表《评顾颉刚主编〈古史辨〉第二册》。

8 月,任武汉大学历史学系及哲学教育系合聘教授,讲授西洋史与中国哲学史。

编写《欧洲通史(二)》详细铅印提纲。(此提纲后以《西洋文化史纲要》书名出版。)

在武汉大学的《文哲季刊》第 2 卷第 1 期发表《殷周年代考》。

1932 年

在《金陵学报》第 2 卷第 1 期发表《孔子以前的哲学》。

8 月,任清华大学历史学系教授,讲授殷周史、秦汉史、中国通史、史学方法、西洋史等多门课程。

编写《中国通史选读》铅印讲义。

1934 年

1 月,在《清华学报》第 9 卷第 1 期发表《评汤普森著〈中世纪史〉》。

4 月,在《清华学报》第 9 卷第 2 期发表《评田农编〈西洋史表解〉》。

10 月,在《清华学报》第 9 卷第 4 期发表《皇帝制度之成立》。

1935 年

4 月,在《清华学报》第 10 卷第 2 期发表《评拉托来特著〈中华民族之历史与文化〉》。

积极倡议清华大学创办《社会科学》季刊，担任《社会科学》主编。

10月，在《清华学报》第10卷第4期发表《评古德里奇著〈乾隆文字狱〉》。

10月，在《社会科学》第1卷第1期发表《中国的兵》及《评道森著〈人类行程〉》。

继蒋廷黻任清华大学历史系主任，直至1949年9月。继续推行蒋氏“历史与社会科学并重；历史之中西方史与中国史并重；中国史内考据与综合并重”的方针。

1936年

1月，在《社会科学》第1卷第2期发表《评赫克尔著〈宗教与共产主义〉》。

4月，在《社会科学》第1卷第3期发表《评雅斯贝斯著〈近现代中的人〉》。

4月，在《清华学报》第11卷第2期发表《评顾颉刚著〈汉代学术史略〉》。

7月，在《社会科学》第1卷第4期发表《无兵的文化》。

7月，在《清华学报》第11卷第3期发表《汉武帝建年号始于何年》。

10月，在《社会科学》第2卷第1期发表《断代问题与中国历史的分期》。

由萧公权介绍加入“中国政治学会”。

为英文版《中国年鉴》(1936—1937)撰写英文文章《中国历史概略》。

1937 年

4 月，在《社会科学》第 2 卷第 3 期发表《世袭以外的大位承继法》。

7 月，在《社会科学》第 2 卷第 4 期发表《中国的家族制度》。

7 月，在《清华学报》第 12 卷第 3 期发表《章学诚与蓝鼎元〈饿乡记〉》。

9 月，随清华大学师生南迁。

11 月，担任长沙临时大学及其后蒙自西南联合大学历史社会学系主席至 1938 年 5 月。

1938 年

2 月 13 日，在汉口《扫荡报》发表《此次抗战在历史上的地位》。

迁至昆明，继续担任清华大学及西南联合大学历史学系教授，讲授中国通史、西洋史等多门课程。

12 月，写成《建国——在望的第三周文化》一文，准备与《中国的兵》等文合刊成《中国文化与中国的兵》一书。

1939 年

1 月，在昆明《今日评论》第 1 卷第 4 期发表《君子与伪君子——一个史的观察》。

1940 年

2 月，《中国文化与中国的兵》一书由商务印书馆出版。

4 月，与林同济等人合作，为《战国策》半月刊撰稿，由此被称为“战国策派”。

5 月 7 日，在昆明《中央日报》发表《雅乐与新声：一段音乐革命史》。

6 月，在《战国策》第 6 期发表《张伯伦与楚怀王》。

8 月，任西南联合大学文学院历史学系主任、师范学院史地学系主任至 1946 年 7 月。

9 月，在《战国策》第 11 期发表《历史警觉性的时限》。

1941 年

1 月，在《战国策》第 15、16 期合刊发表《中外春秋时代》。

3 月 10 日，在昆明《中央日报》发表《全体主义与个体主义与中古哲学》。

4 月，在《社会科学》第 3 卷第 1 期发表《古代中国外交》。

4 月，在《清华学报》第 13 卷第 2 期发表《司马迁的史学》。

开始担任《当代评论》编委至 1944 年。

12 月 10 日，在重庆《大公报》的"战国副刊"第 2 期发表《战国时代的怨女旷夫》。

12 月 29 日，在《当代评论》第 1 卷第 25 期发表专文《海战常识与太平洋大战》。

1942 年

2 月 4 日，在重庆《大公报》的"战国副刊"第 10 期发表《历史的形态——文化历程的讨论》。

2 月 25 日，在重庆《大公报》的"战国副刊"第 13 期发表《三种文化体系的形态——埃及、希腊罗马、欧西》。

3 月 4 日，在重庆《大公报》的"战国副刊"第 14 期发表《独具二周的中国文化——形态史学的看法》。

5 月 4 日，在昆明《中央日报》发表《总动员的意义》。

6 月，在《人文科学学报》第 1 卷第 1 期发表《中国古代制度》。

7 月 10、11 日，在昆明《中央日报》连载《近代战争中的人力与武器》。

7 月 23、24 日，在重庆《大公报》连载《春秋外交与战国外交》。

7 月 24 日，在《当代评论》第 2 卷第 5 期发表专文《战后世界与战后中国》。

11 月 22 日，在《当代评论》第 3 卷第 2 期发表社评《埃及战争》与专文《法属非洲——西方的第二战场》。

12 月，主持“世界战局的总检讨”座谈会，做序论发言及座谈总结，发表于《当代评论》第 3 卷第 7 期。

1943 年

1 月 31 日，在《当代评论》第 3 卷第 9 期发表专文《平等的治外法权与不平等的治外法权》。

2 月，代理昆明清华大学文学院院长至 7 月。

2 月，在《当代评论》第 3 卷第 10 期发表社评《罗邱会议》。

3 月，赴重庆参加中国史学会成立大会。

5 月，在《当代评论》第 3 卷第 19 期发表社评《突尼西亚盟军大捷》。

10 月，在《当代评论》第 3 卷第 24 期发表专文《欧洲战后人的问题》。

12 月，在《当代评论》第 4 卷第 3 期发表社评《法国解放委员会与法兰西前途》。

1944 年

1 月，在《当代评论》第 4 卷第 5 期发表社评《苏捷协定与波兰前途》。

2 月 1 日，在《当代评论》第 4 卷第 7 期发表社评《德舰沙恩霍斯特号沉没》。

2月11日，在《当代评论》第4卷第8期发表社评《苏联采用新国歌》与专文《战后的苏联》。

3月，在《当代评论》第4卷第10期发表社评《阿根廷与轴心绝交》。

4月，开始为《云南民国日报》撰写社论至1945年6月。

1945年

1月，开始为昆明《中央日报》撰写社论至1946年7月。

11月，开始为昆明广播电台撰写时论至1946年7月。

1946年

1月13日，在昆明《中央日报》发表《历史过去释义》。

2月12日，在昆明《中央日报》发表《欧美民族主义的前途》。

5月，与林同济合编《文化形态史观》一书，由上海大东书局出版。

6月，代理昆明西南联合大学及昆明清华大学文学院院长一个月。

6月14日，在《智慧》第4期发表《时代的悲哀》。

7月，好友闻一多被暗杀，无比悲痛，为五人治丧委员会成员。保留杀害闻一多的子弹头，以表纪念与对国民党杀人凶手的痛恨。

8月，北平清华大学复校。代理北平清华大学文学院院长至1948年2月。担任北平清华大学历史学系主任至1949年9月。

10月，在《观察》第1卷第9期发表《和平与太平》。

12月15日，在《北平时报》发表《国都问题》。

1947年

2月9日，在《清华周刊》(复刊)第1期发表《对〈清华周刊〉复刊的意见》。

3月8日,在《观察》第2卷第2期发表《妇女、女权》。

3月16日,在《清华周刊》(复刊)第4期发表《如何阅读——举例》。

5月11日,在《独立时论》第1集发表《航空时代、北极中心与世界大势》。

6月10日,在《独立时论》第1集发表《理想与现实:政治兴趣浓厚时代的两个世界》。

7月12日,在《独立时论》第1集发表《印度还政问题》。

7月13日,在《北平时报》发表《近代化中的脑与心》。

8月23日,在《独立时论》第1集发表《美国设国防部》。

9月5日,在《独立时论》第1集发表《两次大战后的世界人心》。

9月14日,在《北平时报》发表《报纸广告的分析》。

10月,在《社会科学》第4卷第1期发表《春秋时代政治与社会》。

10月13日,在《独立时论》第1集发表《伊朗问题》。

10月19日,在《北平时报》发表《史实、现实与意义》。

12月18日,在《北平时报》发表《转变中的逻辑》。

1948年

1月16日,创办《周论》周刊,任主任编辑。在《周论》第1卷第1期发表《发刊词》,社论《政治的学习》、社论《北平定为陪都》,以及专论《如此世界,如何中国》。

1月23日,在《周论》第1卷第2期发表社论《对港九,望英伦!》。

1月30日,在《周论》第1卷第3期发表社论《裁员之议必须从长考虑》。

2月3日，在天津《益世报》发表《论美国在巴拿马受挫》。

2月6日，在《周论》第1卷第4期发表社论《悼甘地，悲人世！》与社论《侵略定义》。

2月13日，在《周论》第1卷第5期发表社论《宣传与国策——由美国新闻处在华宣传说起》。

2月20日，在《周论》第1卷第6期发表社论《美国贷款，海关入超，与食粮增产》。

2月27日，在《周论》第1卷第7期发表社论《国际谣言与自我检讨》。

3月5日，在《周论》第1卷第8期发表社论《马歇尔外交辞令的通俗诠释》与社论《捷克已矣！》。

3月19日，在《周论》第1卷第10期发表社论《望农林部早日起行——谈拟议中防沙南侵的长城林带》与社论《号角响了，曾受美国教育的自由分子赶快看齐！》。

4月2日，在《周论》第1卷第12期发表社论《对国民大会献言》、社论《对参政会致意》以及专论《副总统问题——一个历史的探讨》。

4月5日，在天津《益世报》发表《美苏两种世界主义比较》。

4月9日，在《周论》第1卷第13期发表社论《认识美国对日政策的一贯性》。

4月16日，在《周论》第1卷第14期发表社论《銮披汶最后出面矣！》。

4月23日，在《周论》第1卷第15期发表社论《北平的学潮》及专论《全体主义与个体主义——中古哲学中与今日意识中的一个根本问题》。

4月30日，在《周论》第1卷第16期发表社论《所望于新政府者》与社论《意大利大选结果的重要》。

5月7日，在《周论》第1卷第17期发表社论《五四献言》与社论《青年专号》。

5月14日，在《周论》第1卷第18期发表社论《真是——教育究为何来？》。

5月20日，在《天津民国日报》发表《促进耕者有其田，开征累进财产税》。

5月21日，在《周论》第1卷第19期发表社论《美苏交换照会，冷战又一回合》、社论《谨防学潮的另一种变质》以及专论《论老》。

5月28日，在《周论》第1卷第20期发表社论《史地公民》。

6月4日，在《周论》第1卷第21期发表社论《再认识美国的对日政策》、社论《巴基斯坦的无上惨剧，英美合演的无比双簧！》以及专论《弱国外交与外交人才》。

6月11日，在《周论》第1卷第22期发表社论《永恒的青年问题》。

6月18日，在《周论》第1卷第23期发表社论《反美扶日运动与司徒大使发言》。

6月25日，在《周论》第1卷第24期发表社论《出路问题——过去与现在》。

7月16日，在《周论》第2卷第1期发表社论《立法院泄漏机密案》与社论《南斯拉夫事件》。

7月23日，在《周论》第2卷第2期发表社论《僵无可再僵的柏林局势》。

7月30日，在《周论》第2卷第3期发表社论《北大西洋联防在酝酿中》与社论《由西藏派代表赴美说起——美国接收大英帝国的又一例证》。

8月13日,在《周论》第2卷第5期发表社论《国士也作外国间谍么?》及专论《纽芬兰自动并入加拿大》。

8月23日,在天津《益世报》发表《南斯拉夫共产党大会》。

9月3日,在《周论》第2卷第8期发表社论《人心向治,良机勿失》与社论《关于本期专论》。

9月10日,在《周论》第2卷第9期发表社论《欧洲统一问题》与社论《来自莫斯科的一段消息》。

9月17日,在《周论》第2卷第10期发表社论《读〈中国的出路〉》、社论《三个人的死》以及专论《论中国社会的特质》。

9月24日,在《周论》第2卷第11期发表社论《美国也为东南亚担心么?》。

10月,在《社会科学》第5卷第1期发表《东周秦汉间重农抑商的理论与政策》。

10月1日,在《周论》第2卷第12期发表社论《气焰何必如此之盛?——有感于经合总署署长对英国内政之干涉》与社论《国籍、国籍法与国际婚姻》。

10月8日,在《周论》第2卷第13期发表社论《睡梦已久,可以醒矣!——国庆期中本刊再申立场》、社论《有感于张群氏“日本观感”》以及专论《锦州——古今的重镇》。

10月11日,在《天津民国日报》发表《国际和平展望》。

10月15日,在《周论》第2卷第14期发表社论《致意大学新同学》与社论《美众院外委会论中国问题》。

10月22日,在《周论》第2卷第15期发表社论《学者与仕途》、社论《外报的中国消息》与社论《扩大配售问题》。

10月29日，在《周论》第2卷第16期发表社论《联合国纪念日》、社论《美国大选》与社论《仍是只许成功，不许失败》。

11月5日，在《周论》第2卷第17期发表社论《蒲立德又要来华调查》与社论《令人麻痹的国际局势》。

11月12日，在《周论》第2卷第18期发表社论《美国大选后的世界》、社论《可注意的美国未来发展》与社论《只可内逃，不许外逃》。

11月19日，在《周论》第2卷第19期发表社论《论货币再改》、社论《盎格鲁撒克逊联合国在形成中》、社论《论得意的话——读尼赫鲁发言有感》、社论《"泰山崩于前"的时候》以及专论《人生的境界(一)——释大我》。

1949年

9月，辞去清华大学历史系主任职务。教授职位保留，教学工作继续照常进行。

1950年

10月，在《社会科学》第6卷第2期发表《古今华北的气候与农事》。

10月15日，在《翻译通报》第1卷第4期发表《翻译中的小问题一束》。

12月15日，在《翻译通报》第1卷第6期发表《翻译中的小问题一束(二)》。

1951年

1月15日，在《翻译通报》第2卷第1期发表《翻译中的小问题一束(三)》。

3 月 2、9 日，在《进步日报》连载《美帝“中国门户开放政策”的背景》。

3 月 15 日，在《翻译通报》第 2 卷第 3 期发表《翻译中的小问题一束（四）》。

8 月 1 日，在《历史教学》第 2 卷第 2 期发表《今日梵蒂冈与世界罗马教简介》。

8 月 15 日，在《翻译通报》第 3 卷第 2 期发表《外国史译名统一问题》。

8 月 17 日，在《大公报》发表《耶稣会——罗马教廷的别动队》。

8 月 24 日，在《大公报》发表《耶稣会的别动队活动》。

9 月 1 日，在《历史教学》第 2 卷第 3 期发表《近代史上的罗马教》。

10 月 15 日，在《翻译通报》第 3 卷第 4 期发表《翻译与注释》。

11 月 10、16 日，在《进步日报》连载《中国近代史上的天主教与梵蒂冈》。

11 月 15 日，在《翻译通报》第 3 卷第 5 期发表《由翻译史看翻译理论与翻译方法》。

12 月 14、21 日，在《进步日报》连载《20 世纪的罗马教廷与帝国主义》。

以上诸篇批判天主教文章的稿费皆捐献。

1952 年

10 月，调天津南开大学历史学系任教，担任世界史教研组主任，主要讲授世界上古史，兼及世界近代史与物质文明史。

1953 年

编写《世界上古史讲义》，被高教部定为全国高等学校交流讲义。

担任《历史教学》编委。

5月,在《历史教学》1953年第5期发表《有关马克思的两篇文件》。

10月,在《历史教学》1953年第10期发表《关于世界上古史一些问题及名词的简释》。

11月,在《历史教学》1953年第11期发表《关于世界上古史一些问题及名词的简释(二)》。

12月,在《历史教学》1953年第12期发表《关于世界上古史一些问题及名词的简释(三)》。

1954年

4月,在《历史教学》1954年第4期发表《答"容克"两字的含义》(问题解答)。

5月,在《历史教学》1954年第5期发表《世界史上一些论断与概念的商榷》。

9月,在《历史教学》1954年第9期发表《欧洲人的"教名"及一般取名问题》。

1955年

5月,在全国批判胡适运动中,写出《胡适哲学观批判》一文,未正式发表。

1956年

6月,在《南开大学学报》(人文科学)1956年第1期发表《上古中晚期亚欧大草原的游牧世界与土著世界(公元前1000—公元570)》及《对世界上古史改分区教学法为分段教学法的体会》。

6月,在《历史教学》1956年第6期发表《关于公元纪年各种西文名词的意义及中文译名问题》。

7月,在《历史教学》1956年第7期发表《关于公元纪年问题的补充说明》。

8月,在《历史教学》1956年第8期发表《历法的起源和先秦的历法》。

9月,按新的观点体系讲授世界上古史课程。

1957年

1月,在《历史教学》1957年第1期发表《基督教的宗派及其性质》。

4月21、22日,《人民日报》连载天津教授们在"百家争鸣"座谈会上的发言,对雷海宗的发言加了编者按及编者注。

4月28日,《人民日报》刊登雷海宗4月22日致《人民日报》编辑部的信。

5月23日,在《天津日报》发表《笔谈"长期共存,互相监督"》。

7月,在《历史教学》1957年第7期发表《世界史分期与上古中古史中的一些问题》。

8月8日,在九三学社天津分社《社讯》第2期发表《资产阶级民主与社会主义民主》。

8月中下旬,被康生点名后,在天津市与南开大学受到多次批判,被错划为"右派分子"。(1979年3月,"右派分子"问题被改正。)

9月以后,停止教学活动。健康状况急剧恶化,后患慢性肾炎,严重贫血。

1960年

翻译斯宾格勒的《西方的没落》下卷的部分章节。

1961 年

5 月，指导王敦书翻译《李维〈罗马史〉选》，并校改译文。

10 月，被摘掉“右派分子”帽子。

1962 年

3 月，开始抱病讲授“外国史学名著选读”课程。

4 月，《李维〈罗马史〉选》由商务印书馆出版。

9 月，抱病讲授“外国史学史”课程至 11 月底。

12 月 25 日，因尿毒症与心力衰竭病故，享年 60 岁。

雷海宗和《中国文化与中国的兵》

王敦书

雷海宗(1902—1962年),字伯伦,是我国20世纪中叶驰名中外的历史学家,一生在高等学校从事历史教学与研究工作,以博闻强记、自成体系、贯通古今中外著称,名列《中国大百科全书》的《外国历史》卷专设条目。

一

1902年6月18日,雷海宗诞生于河北省永清县一户具有书香门第气息的中农家庭,父亲雷鸣夏为当地基督教中华圣公会牧师。雷海宗自幼勤奋好学,天资聪颖,记忆力极佳,在旧学与新学两方面都打下相当扎实的基础。1917年,他入北京崇德中学学习,1919年转入清华学校高等科学习。在五四运动和新文化思潮的影响下,青年雷海宗树立起强烈的爱国思想和献身科学的志向。1922年清华毕业后,他公费赴美留学,在芝加哥大学主修历史学,兼修哲学。1924年,入该校研究院历史研究所深造,撰写博士学位论文《杜尔阁的政治思想》。1927年获哲学博士学位,时年二十五岁。

他深受导师、美国著名史学家 J. W. 汤普逊的器重。与外国学生相比，中国留学生自以中国学问见长，雷海宗以纯外国历史为研究对象而获得优秀成绩，这是难能可贵的。

1927 年夏，雷海宗返国任南京中央大学史学系副教授，1929 年任历史学系系主任。1931 年春任金陵女子大学历史学系教授，并在金陵大学中国文化研究所研究中国古代哲学。雷海宗虽在美国专攻外国史，但他主张中国的史学家应贯通中外，以改造中国传统史学为己任。因此，他回国后，在中央大学与金陵女子大学不仅讲授西洋史，而且研究与讲授中国上古史与中国哲学史。在此期间，雷海宗先后撰写三篇文章：《评汉译韦尔斯著〈世界史纲〉》、《克罗奇的史学论——历史与记事》与《孔子以前的哲学》。雷海宗在《评汉译〈世界史纲〉》中运用德国历史哲学家斯宾格勒的文化形态学的观点，认为人类史实际是若干文化区域各自独立的发展演变，很难写出一部结构精密、前后连贯的世界通史。他就此对英国作家威尔斯的《世界史纲》提出了批评。《克罗奇的史学论》实际为意大利哲学家克罗奇的名著《历史学的理论与实际》第 1 章"历史与记事"的翻译，雷海宗在译文前说明，"克氏的议论虽不免有过度处，但以大体言之，他的学说颇足以调剂我们中国传统史学偏于'记事'的弊病"。《孔子以前的哲学》对《尚书》与《周易》中有关篇章的思想与年代进行分析考订，据以勾勒探讨西周时代初兴的哲学和春秋时代得以发展的哲学。最后认为：孔子是史官思想的承继者，与《尚书》的作者一样，专注于治国之道。老子或《老子》的作者是筮人思想的承继者，偏重玄学。日后中国哲学界最占势力的儒道二家是直接由孔子与老子传下来的，间接由无数无名的史官与筮人传下来的。另外，1931 年 7 月他还以英文发表了《评顾颉刚主编〈古史辨〉第二册》一文。

1931年秋，雷海宗转任武汉大学历史学系与哲学教育系合聘教授，讲授西洋史与中国哲学史，其间他发表的《殷周年代考》一文采取新的研究方法，吸取相关学科的研究成果，提出"按温带人类生理，普通四世当合百年。中国古今朝代，皆不逃此原则"的观点。先对已确知的中国历朝各世君主在位的总年代做出统计，以证明"四世当合百年"亦即"每世平均二十五年"的看法基本无误，然后根据已知的西周与周代君主的世数而推定周室元年当为公元前1027年左右，并进一步推断盘庚迁殷适为公元前1300年，汤定中原当在公元前1600年左右。此文有高度学术价值与影响，已故美国著名中国史学家何炳棣主张应将武王伐纣之公元前1027年称为"雷海宗的年代"。[①]

雷海宗在武汉大学讲授欧洲通史期间，编写出极其详细的《欧洲通史二》(5—20世纪初)铅印纲要。该纲要内容丰富，体系完整，层次鲜明，覆盖面极广，条目一目了然。其特点在于：(1)打破国别界限与王朝体系，以全局的眼光，抓住重大的历史事件和社会变革来讲述欧洲的历史；(2)着重探讨阐发西方宗教、哲学、科学、文学与社会科学的嬗变发展及各个流派，19世纪尤详。此纲要至2001年始由上海古籍出版社以《西洋文化史纲要》书名正式出版。

1929年春，蒋廷黻被聘为清华大学历史学系教授兼系主任，他励精图治，大刀阔斧地推行"历史学和社会科学并重；历史之中西方史与中国史并重；中国史内考据与综合并重"的方针。为此，他在1932年聘请精通哲学社会科学、掌握古今中外历史、既重考据

① 何炳棣：《读史阅世六十年》，香港商务印书馆2004年版，第124页。

更重综合的雷海宗返回其母校清华大学历史系任教。雷海宗到清华后，与蒋廷黻相配合，开拓创新，努力建设独具特色的清华历史学系。1935 年后，蒋廷黻离教从政，赴南京国民政府行政院任职。雷海宗独挑重担，继任清华大学历史学系系主任，直至 1949 年。清华历史学系的建树与发展，是与雷海宗的贡献分不开的。

雷海宗在清华重点从事中国史的教学研究。他面向全校学生，开设"中国通史"课程。他编选大量史料，以《中国通史选读》为名，作为铅印讲义发给学生，共 7 册 43 章 769 节 930 页（1860 面）。全书从史前石器时代一直编到溥仪退位，材料选自各方面文献，系统完整，内容极其丰富。值得注意的是，他打破了传统的王朝体系，以时代特征为标准，结合重大历史事件和整个中国历史发展的进程与演变，来划分中国历史的各个阶段。此《选读》至 2006 年始由北京大学出版社正式出版。雷海宗还讲授"殷周史"和"秦汉史"两门断代史课程，供历史系高年级同学选修。为了引进西方史学理论与研究方法，介绍外国史学名著，并与中国传统史学相结合，他又开设"史学方法"一课，采取教师总体指导，学生重点读书、定期报告，全班展开讨论的教学方法，使课堂既生动活泼，又深入研讨，学生眼界大开，深有所获。此外，他也不时讲授外国史，包括西洋上古、中古、近代各个阶段。雷海宗声音洪亮，讲课极有条理，深入浅出，鞭辟入里。他讲解历史事件既材料翔实丰富，又说明前因后果，更揭示性质意义，使听者受用不尽。他记忆力极佳，走上讲台，只拿几支粉笔，但讲得井井有条，滔滔不绝，人名、地名、史实、年代准确无误。他学问渊博，口才好，思路清晰，教学认真负责，讲究教学方法，使讲课成为一门艺术，挥洒自如，引人入胜。

在教课之外，雷海宗潜心进行历史研究。作为一个受到西方教育和学术训练的爱国知识分子，他的研究方向与志趣在于从宏观的角度，以跨学科的研究方法，抓住若干根本性问题，对四千年来中国的传统社会与文化做系统的历史考察与解剖，并落实到中国的现状，找出弊端症结和解决办法。按照这一思路，从 1934 年至 1937 年，雷海宗连续撰写了一系列学术论文，其中有《皇帝制度之成立》、《中国的兵》、《无兵的文化》、《断代问题与中国历史的分期》、《世袭以外的大位承继法》和《中国的家族制度》。这些论文大都刊载于清华大学 1935 年创办的《社会科学》杂志。《社会科学》杂志是雷海宗倡议创办的，并由他任主编。在宏观的综合性的论文外，雷海宗也进行微观的研究，写出考证性的文章，如《汉武帝建年号始于何年》和《章学诚与蓝鼎元〈饿乡记〉》二文。《汉武帝建年号始于何年》将《史记》的《封禅书》同《汉书》的《武帝纪》与《郊祀志》中的有关记载列表排比，得出结论：武帝建年号是在当时的三元七年，即有司建议的元狩七年，即武帝最后决定的元鼎元年，也就是公元前 116 年。此外，雷海宗还在《清华学报》和《社会科学》各期发表多篇书评，对当时新出版的国内外重要学术著作进行评介。

1937 年 7 月 7 日，抗日战争全面爆发。卢沟桥的炮声将雷海宗从宁静的清华园震醒。不久，北平沦陷，清华大学、北京大学等校南迁。雷海宗对日寇侵华义愤填膺，随清华文学院师生经长沙、衡山、蒙自，最后抵达昆明。他在 1938 年 2 月发表《此次抗战在历史上的地位》一文，热情歌颂全国军民浴血抗战、奋勇杀敌的英雄气概与战斗精神；期望通过抗日战争的胜利，中国文化将结束第二周，揭开第三周的帷幕。1938 年底，雷海宗将前述《皇帝制度之成立》等六篇系列论文的篇名及次序稍加改变，加上《此次抗战在历史上的地位》及《建国——在望的第三周文化》二文，合编成《中国文化与中国的兵》一书，由商务印书馆于 1940 年出版。《中国文化与中国的兵》篇幅不大，却是雷海宗的精品力作，出版后在学术界乃至一般知识分子中产生巨大反响，令人耳目一新、精神振奋，成为 20 世纪中国史学名著。

在昆明，清华大学、北京大学和南开大学组成了西南联合大学，雷海宗任西南联大文学院历史学系系主任，继续开设“中国通史”等中外历史多门课程。他将大量的精力投入文章写作。其中有学术论文，如《雅乐与新声：一段音乐革命史》、《全体主义与个体主义与中古哲学》、《古代中国外交》、《司马迁的史学》、《中国古代制度》等，但更多的文章，则是史论结合，古为今用，将古今中外的历史与现状贯通起来，为宣传抗日和进行世界反法西斯战争服务。例如，《君子与伪君子》、《近代战争中的人力与武器》等多篇文章。1940 年 4 月，林同济创办《战国策》半月刊，后又在重庆《大公报》开辟“战国”副刊。雷海宗积极为之撰稿，因而与林同济等人被称为“战国策派”。他在《战国策》和“战国”副刊先后发表了《张伯伦与楚怀王》、《历史警觉性的时限》、《中外的春秋时代》、《战国时代的怨女旷夫》、《历史形态》、《三个文化体系的形态》、《独具二周的中国文化》等文章。所谓“战国策派”的基本观点和主要思路，是使用斯宾格勒的“文化形态史观”的理论来考察历史与文化，分析当前的世界形势。该派认为，欧美文化现在正处在相当于古代中国的“战国时代”，第一次和第二次世界大战正是“战国时代”所独有的大规模国际战争特征的表现，中国面对这样的局势，必须找出应对之策，自主、自立、自强地建国和战胜日本侵略者。

此外，雷海宗还积极地为《当代评论》半月刊撰稿。从 1941 年末到1944年3月，他既为《当代评论》写过多篇社评，如《埃及战争》、《法属非洲——西方的第二战场》、《罗邱会议》、《突尼西亚盟军大捷》、《法国解放委员会与法兰西前途》、《苏捷协定与波兰前途》、《德舰沙恩霍斯特号沉没》、《苏联采用新国歌》、《阿根廷与轴心绝交》等；又在该杂志发表《海战常识与太平洋大战》、《战后世界与战后中国》、《平等的治外法权与不平等的治外法权》、《欧洲战后人的问题》、《战后的苏联》等专门文章；还主持了"世界战局的总检讨"的座谈会，做序论发言和总结发言。

1945年8月15日，日本宣布无条件投降。1946年下半年，清华大学在北平复校。雷海宗仍担任历史学系系主任，并在冯友兰赴美讲学期间代理文学院院长之职。他继续讲授中外历史多门课程，并发表《历史过去释义》、《春秋时代的政治与社会》、《东周秦汉间重农抑商的理论与政策》及《人生的境界(一)——释大我》等学术论文。此外，还与林同济合编《文化形态史观》一书(上海大东书局于1946年5月出版)。

抗战胜利后，雷海宗仍然关心国内外形势与政局的发展，撰写大量时论性文章。1946年，他发表了《欧美民族主义的前途》、《时代的悲哀》、《和平与太平》与《国都问题》等文章。1947年，雷海宗发表了《妇女、女权》、《航空时代、北极中心与世界大势》、《理想与现实》、《印度还政问题》、《美国设国防部》、《两次世界大战后的人心》、《伊朗问题》、《近代化中的脑与心》、《报纸广告的分析》、《史实、现实与意义》、《转变中的逻辑》等文章。1948年1月，雷海宗在北平主编《周论》杂志，每周一期，直到该年11月19日停刊，共出版了两卷43期。他几乎为每期写一篇以上的社论，还先后发表《如此世界、如何中国》、《副总统问题——一个历史的探讨》、《全体主义与个体主义——中古哲学中与今日意识中的一个根本问题》、《论老》、《弱国外交与外交人才》、《纽芬兰自动并入加拿大》、《论中国社会的特质》、《锦州——古今的重镇》、《人生的境界(一)——释大我》等专论。另外,他还为其他报刊撰写了专论《论美国在巴拿马受挫》、《美苏两种世界主义比较》、《南斯拉夫共产党大会》、《促进耕者有其田,开征累进财产税》和《国际和平展望》等文。

1948 年后期,全国解放形势日益明朗。尽管有关当局愿给雷海宗提供机票动员他"南飞",但他认为国民党大势已去,不得人心,毅然决定留在北平清华园,迎接解放,与人民同呼吸、共命运。新中国成立后,他积极参加土地改革、抗美援朝和思想改造等运动,热情学习马克思列宁主义和毛泽东思想。

新中国成立初期,雷海宗仍在清华历史系任教,但辞去系主任之职。1950 年秋,他发表了《古今华北的气候与农事》学术论文,探讨古书中所见古代华北的气候与农业,指出其后逐渐发生的变化,并对今后华北的气候状况和农业发展提出了自己的意见。从 1950 年 10 月到 1951 年 11 月,雷海宗一方面连续发表了《翻译中的小问题一束》等七篇结合历史论翻译的文章,另一方面又接连发表一系列批判美国门户开放政策、天主教梵蒂冈教廷与耶稣会的文章,如《美帝"中国门户开放政策"的背景》、《耶稣会——罗马教廷的别动队》、《耶稣会的别动队活动》、《中国近代史上的天主教与梵蒂冈》、《20 世纪的罗马教廷与帝国主义》、《今日梵蒂冈与世界罗马教简介》及《近代史上的罗马教》。

1952 年秋,雷海宗调南开大学历史系任教,为世界史教研组主任,主要从事世界史学科建设,讲授世界上古史,兼及世界近代史与物质文明史。他编写出的《世界上古史讲义》被教育部定为全国高等学校交流讲义。在这部著作中，雷海宗按照马克思主义唯物史观的观点，运用丰富的材料，对世界上古史作了系统的阐述。其特色在于有自己的体系，既摆脱了他原来发挥的斯宾格勒文化形态史观的框架，也不完全沿用苏联教科书的一般结构。主要特点有：(1)把中国史放在世界史之中，在第一章“总论”中以世界史为背景，概述了上古中国的历史，通过对比，从经济、政治、文化、人民性、民族性各方面说明古代中国在世界历史上的地位，打破了中国史与世界史之间的界限，并强调中国人学习世界史应从中国的角度来看世界。(2)重视各地区、各民族之间的相互关系和影响，从总体上来把握世界史。专设第十三章“上古中晚期亚欧大陆之游牧世界与土著世界”，集中论述了公元前1000年至公元600年亚欧大草原的游牧部落与中国、希腊和罗马等地区国家的关系以及世界上古史上第三次游牧民族大迁徙。这一部分后扩大充实为学术论文，以“上古中晚期亚欧大草原的游牧世界与土著世界”为题发表，具有很高的学术价值与拓荒意义。(3)结合奴隶制度和奴隶社会的整个历史，分析了家庭奴隶制和生产奴隶制这两种不同类型的奴隶制度，在游牧地区、大陆农业地区和靠近海洋地区三种不同地区的发展，认为海洋区是唯一一个奴隶社会为时较长、奴隶制度发展较高的地区，工商业一直是维持并发展奴隶制度的基础。《世界上古史讲义》直至2012年始由中华书局正式出版。

1956年，雷海宗在世界上古史课程中对整个体系作了新的调整，将分地区教学改为分时段教学，并对上古时期各阶段社会形态的性质与名称做了新的探讨。1957年，他发表了长文《世界史分期与上古中古史的一些问题》。雷海宗强调生产力，特别是生产工具的作用，认为人类迄今的历史依生产工具而论，可分为石器时代、铜器时代、铁器时代和机器时代。从社会性质来说，石器时代属于原始社会；铜器时代属于马克思所说的“亚细亚生产方式”的社会，可称之为“部民社会”；铁器时代包括古典社会和封建社会；机器时代包括资本主义社会和社会主义社会。奴隶制在雅典与罗马的短期特殊发展，只能看作封建社会的变种发展。古典社会和封建社会属于同一铁器时代的前后两个阶段，实际都是封建社会而稍有不同。在此之前，从1953年起雷海宗作为编委在《历史教学》刊登了一系列文章，它们是：《有关马克思的两篇文件》，《关于世界上古史一些问题及名词的简释（一）、（二）、（三）》，《答“容克”两字的含义》，《世界史上一些论断和概念的商榷》，《欧洲人的“教名”及一般取名的问题》，《关于公元纪年各种西文名词的意义及中文译名问题》，《关于公元纪年问题的补充说明》，《读高级中学课本〈世界近代现代史〉上册》，《历法的起源和先秦的历法》以及《基督教的宗派及其性质》。

1957年8月，雷海宗受到批判，被错划为“右派分子”。此后，他的健康状况急剧恶化，患慢性肾脏炎不治之症，严重贫血，全身浮肿，步履艰难，停止了教学活动。但雷海宗虽身处逆境，仍关心国家大事，精心译注斯宾格勒的《西方的没落》一书的有关章节；亲自指导王敦书翻译《李维〈罗马史〉选》，加以校改。该书由商务印书馆于1962年出版。

1961年10月，雷海宗被摘掉“右派分子”的帽子。为了把有限余生和满腹学识献给人民，他于1962年克服病痛，在校内乘三轮车来到阶梯大教室门口，拖着沉重的步伐重上讲台，精神抖擞地为一百多个学生先后讲授“外国史学名著选读”和“外国史学史”两门课程，一直到当年 11 月难以行动时为止。1962 年 12 月 25 日，雷海宗因患尿毒症和心力衰竭病故，过早地离开了人世，享年 60 岁。1979 年 3 月，雷海宗的“右派”问题得到改正。2003 年 12 月与 2012 年 6 月，南开大学历史学院分别举行了规模盛大的纪念雷海宗百岁和 110 岁诞辰的大会。

二

总起来看，雷海宗的学术思想与学术成就主要有以下四个特点。

第一，博古通今，学贯中西，擅长人文社会科学的整体把握和跨学科研究方法的交叉运用。

雷海宗一贯主张，历史学家只有在广博的知识基础上才能对人类和各个国家民族的历史与文化有总的了解，才能对某些专门领域进行精深的研究。他一生读书孜孜不倦，精通多种外语，不仅贯通古今中外的历史，而且在哲学、宗教、文学、艺术、地理、军事、政治、社会、经济、气象、生物与科技等领域都有渊博的知识和精辟的见解。他在《西洋文化史纲要》第 48 章中，对西方社会科学研究方法的演变、各门社会科学的各个学派及其代表人物与代表作品进行了条分缕析的说明，充分显示出他对人文社会科学的总体把握与深刻了解。在此基础上，他把各学科的研究成果与研究方法应用于研究历史，《殷周年代考》和《中国文化与中国的兵》正是这种跨学科研究方法的体现与结晶。不仅如此，他又反过来以历史研究的成果与方法应用于其他学科领域的研究，写出了《雅乐与新声:一段音乐革命史》和《古今华北的气候与农业》等高水平的论文。可以说,雷海宗是我国总体把握人文社会科学和交叉运用跨学科研究方法的先行者。

第二,以一定的哲学观点来消化史料,解释历史,努力打破欧洲中心论与王朝体系传统,建立起独树一帜的囊括世界、光耀中华的历史体系。

雷海宗治学严谨,注重掌握丰富的史料和史实的准确性,对乾嘉时期的考据训诂与德国朗克学派的档案研究均颇推崇。但他强调真正的史学不是繁琐的考据或事实的堆砌,于事实之外须求道理,要有哲学的眼光,对历史作深刻透彻的了解。有价值的史学著作应为科学、哲学和艺术的统一。要做审查、鉴别与整理史料的科学分析工作;以一贯的概念与理论来贯穿说明史实的哲学综合工作;用艺术的手段来叙述历史的文学表现工作。分析是必要的历史基础,综合为史学的主体。

在历史认识论方面,雷海宗认为,历史学研究的对象普遍称为"过去",过去有二:一为绝对的,一为相对的。把过去的事实看为某时某地曾发生的独特事实,这个过去是绝对的和固定不变的。但是,史学的过去是相对的。历史学应研究清楚一件事实的前因后果,在当时的地位,对今日的意义,使之成为活的历史事实。历史的了解虽凭借传统的事实记载,但了解程序的本身是一种人心内在的活动,一种时代精神的表现,一种宇宙人生观用于过去事实的思想反应。所以,同一的过去,没有两个时代对它的看法会完全相同。

就历史观和整个历史体系而言,雷海宗深受斯宾格勒的文化形态史观的影响。他认为有特殊哲学意义的历史,在时间上以最近的五千年为限。历史是多元的，是一个个处于不同时间和地域的高等文化独自产生和自由发展的历史。迄今可确知七个高等文化，即埃及、巴比伦、印度、中国、希腊罗马、回教和欧西。这些时间和空间都不相同的历史单位，虽各有特点，但发展的节奏、时限和周期大致相同，都经过封建时代、贵族国家时代、帝国主义战国时代、大一统帝国时代和政治破裂与文化灭绝的末世这五个阶段，最后趋于毁灭。在人类历史上，欧西文化与埃及、中国等其他六个文化相并列，并无高与下、中心与非中心之分。

与斯宾格勒不同，雷海宗认为，中国文化的发展有其独特之处。其他文化，除欧西因历史起步晚尚未结束外，皆按照上述五个阶段进展一周而亡。唯独中国文化四千年来却经历了两个周期。以 383 年淝水之战为分界线，由殷商到"五胡乱华"为第一周，这是纯粹的华夏民族创造中国传统文化的古典中国时期。"五胡乱华"时中国第一周文化已临末世，但由于淝水之战的胜利，中国文化却返老还童直至 20 世纪又经历了第二周。第二周的中国，无论民族血统还是思想文化，都有很大变化。胡人不断与汉人混合为一，印度佛教与中国原有文化发生化学作用，这是一个"胡汉混合、梵华同化"的综合中国时期。南方的开发是中国第二周文化的一项伟大事业与成就。中国文化之所以能有第二周，是与吸收融合胡人的血统和印度的文化，以及由民族优秀分子大力开发南方分不开的。现在，中国第二周文化又至末期，日本侵华远比"五胡乱华"更为严重，抗日战争也比淝水之战更加伟大。通过抗日战争的胜利，中国文化有可能进入第三周。

第三，热爱祖国，坚决抗日，热情歌颂中国的历史，积极弘扬中华文化。

雷海宗之所以不同于斯宾格勒，提出了中国文化二周乃至三周说，是由他的爱国抗日思想决定的。雷海宗具有强烈的爱国心，热爱中国的历史和文化，不能接受中国文化已经一周而亡的洋人论调。面对祖国积弱和文化衰老的现实，他着重从当今的时代出发，对中国和世界各地区国家的历史与文化进行比较研究，探讨中国历史发展的特点，评价中国传统文化的积极与消极方面，谋求在20世纪建设中国的途径。

从“一二·九”运动到卢沟桥事变，这是雷海宗一生中的一个重大转折点。此前，他是一个基本上不参与政治的学者，在学术方面也尚未完成中国文化二周乃至三周说的体系。抗日战争的烽火，燃起了他满腔的爱国热情。雷海宗开始积极议政，将学术与政治连接起来，不仅确立中国文化二周说，并进一步提出第三周文化的前景。他强调中国之有二周文化是其他民族历史上所绝无的现象，是我们大可自豪于天地的。抗日战争不只在中国历史上是空前的大事，甚至在人类历史上也是绝无仅有的奇迹。中国文化第二周的结束和第三周的开幕，全部在此一战。中国前后方应各尽职责，打破自己的非常纪录，争取战争的胜利，使第三周的伟业得以实现。抗日战争后期，美国有关方面曾邀请雷海宗等一批名教授赴美讲学，以促进中美文化交流和改善中国大后方穷教授的清贫生活与工作条件。但雷海宗婉言谢绝，决心坚守岗位，与全国军民同甘共苦、齐心协力，为赢得抗日战争的最后胜利而贡献全部力量。

解放后，雷海宗热爱新中国。他说自己从思想感情上体会到了“为人民服务”的丰富内容与真正意义。此后，他在南开大学的全部教学实践、政治活动和学术生涯，直至1962年抱病重上讲台，都深深地体现着他的爱国热情和奉献精神。

第四，学习西方的科学与文化，追求真理，锐意创新，不断前进，勇于提出自己的独立见解。

雷海宗成长于中西新旧文化相互激荡冲突的时代，又远赴美国留学，他决心吸取西方的理论思想来研究中国与世界的历史，改造旧史学，创建新史学。从美国回来后不久，他就翻译介绍克罗奇的著作，认为克氏的学说颇足以调剂中国传统史学偏于记事的弊病。同时，他对汉译《世界史纲》提出了尖锐的批评，充分显示不畏权威、敢于发表个人意见的精神。其后，他撰写《殷周年代考》，根据温带人类的生理与平均寿命来推断殷周的年代，这种研究方法十分新颖。《中国文化与中国的兵》更是他运用新的跨学科研究方法的成果。至于他接受斯宾格勒的理论，建立中国文化二周说也是其锐意创新的表现。对于马克思主义，他亦加以重视，在武汉大学讲授欧洲通史的详细纲要中，确认马克思主义是劳工阶级的学说，属于科学社会主义，持经济的唯物史观，寻求历史变化的定律。

新中国成立后，雷海宗开始认真学习马克思主义，觉得找到了真理，感到自己“发现了一个新的世界；辩证唯物主义和历史唯物主义的世界观使我好似恢复了青年时期的热情”。他发表的《有关马克思的两篇文件》翻译介绍了当时国内尚未刊载过的《达尔文致马克思书》和《恩格斯致索盖书》。1952 年调到南开大学后，雷海宗主要讲授世界上古史。他抛弃过去接受的斯宾格勒的理论，按马克思主义的观点，编写出了独具特色的《世界上古史讲义》，特别对古代游牧世界与农耕世界之间的关系和奴隶制与奴隶社会的问题进行了专门探讨。1957 年，他进一步提出了“部民社会”的概念，并认为奴隶社会不是人类历史必经的一个普遍性的社会形态与历史阶段。雷海宗的整个学术生涯始终凸显出一种探索真理、打破传统、不断创新、敢于亮明自己独立观点的鲜明个性。

三

《中国文化与中国的兵》是雷海宗的代表作，也是他的成名作，集中体现了他的上述四个治学特点。该书完成于 1938 年，即抗日战争的第二年，出版于 1940 年。全书分上、下编。上编的主题是对中国传统文化的评价，实际由他自 1934 年到 1937 年发表的五篇系列学术论文合成。前三篇从军队、家族制度与政治首领三个不同的方向探讨秦汉以上的中国——动的中国。第四篇专讲秦汉以下的中国——比较静止的中国。第五篇合论整个的中国历史。当时抗日战争尚未全面爆发，他对中国旧文化提出了较多的批评和非议，因为他觉得"若要创造新生，对于旧文化的长处与短处，尤其是短处，我们必须先行了解"。

第一篇是"中国的兵"，这原是雷海宗发表于 1935 年《社会科学》创刊号首篇的力作。关于中国的兵制，历代学者都有研究，但雷海宗另辟蹊径，运用社会学、心理学、军事学的眼光，研究"兵的精神"，从当兵的成分、兵的纪律、兵的风气和兵的心理等方面来考察中国的兵，由之探究中华民族盛衰的轨迹与原因。他论述道：中国春秋时代上等社会全体当兵。战国时代除少数文人外，全体人民当兵，近乎征兵制。汉代通过"更赋"制度使上等社会不服兵役，终于实行募兵制，将卫国责任移到职业兵（大部为贫民、流民、外族兵、囚徒）肩上。由军民不分，经军民分立，到军民对立，专靠胡羌兵，这就使国势日衰，社会病弱，中原终于成了汉代那些属国的属国。东汉以下兵的问题总未解决，只有隋及盛唐承袭北朝外族的制度，百余年间曾实行半征兵的府兵制度，这也是汉以后中国汉族自治的惟一强盛时代。雷海宗认为，文武兼备的人有比较坦白光明的人格，兼文武的社会也是光明坦白的社会，这是武德的特征。中国二千年来社会上下各方面的卑鄙黑暗恐怕都是畸形发展的文德的产物。偏重文德使人文弱，文弱的个人与文弱的社会难以有坦白光明的风度，只知使用心计；虚伪、欺诈、不彻底的空气支配一切，使一切都无办法。中国兵制的破裂与整个文化的不健全其实是同一件事。东汉以下，兵的问题总未解决，乃是中国长期积弱的一个重要原因。只有振兴武德，实行征兵制，叫良民当兵，尤其是一般所谓的“士大夫”都人人知兵，人人当兵，才能使中国自主自立。

第二篇是“中国的家族”（原名“中国的家族制度”）。文章一开头就提纲挈领地指出，中国的大家族制度曾经过一个极盛、转衰与复兴的变化；这个变化与整个政治社会的发展又有密切的关系。春秋以上是大家族最盛的时期，战国时代渐渐衰微。汉代把已衰的古制又重新恢复，此后一直维持了二千年。雷海宗随后论述，春秋以上的大族不只是社会的细胞与经济的集团，并且也是政治的机体。春秋时代大家族仍然盛行。宗法的大家族是维持封建制度下贵族阶级地位的一种方法，封建破裂，此制就难以独存。一到战国，各国贵族被推翻，宗法随着消灭，大家族根本动摇。商鞅变法的一个重要内容就是废大家族，规定二男以上的家庭必须分异，否则每人加倍纳赋。各国变法之后，家族制度没落，可由种种方面看出。丧服制与子孙繁衍的观念可说是旧日家族制度的两个台柱。

清楚严明的丧服制是维持一个人口众多的家族的方法；子孙繁衍是使大家族继续存在的方法。但到战国大家族破裂之后，这两根台柱随之倒塌。小家庭的生活与子孙繁衍观念之淡薄也影响人口的增长。两汉时代的政府既设法提倡人口的增加；又不断设法恢复前此几近消灭的大家族制度。孝道的提倡与三年丧的宣传同时并进。至西汉末，经过百年间的提倡，三年丧制重建起来。到东汉时，可说孝的宗教已经成立，大家族重建的运动已经成功。此后，大家族是中国社会国家的基础，是社会的一个牢固的安定势力。不只五胡之乱不能把它打破；此后经过无数的大小变乱，社会仍不瓦解，就是因为有这个家族制度。但大家族与国家似乎根本不能并立，近百年来在西方文化强烈冲击下，大家族制度遭到破坏，小家庭兴起。家族制度，或大或小，是人类生活的必需条件。大小两制，各有利弊。未来的中国究竟采取如何形态的家族制度，甚为紧要，颇堪玩味。值得注意的是，雷海宗将人口论与节制生育的理论引进了对中国家族制度的研究之中。

第三篇是“中国的元首”（原名“皇帝制度的成立”）。文章开宗明义地说明，中国历史上四千年间国君的称号甚为简单。当初称王，王下有诸侯。其后诸侯完全独立，各自称王。最后其中一王盛强，吞并列国，统一天下，改称皇帝，直至清末。称号的演化虽甚简单，内涵的意义却极重要。雷海宗随后论述，西周时期，周天子称王，周室为列国共主。春秋时代周王虽无实权，其天子地位未被否认。春秋列国由诸侯与世族合治，诸侯为地位最高的世族。任何一国或任何一国的世族无独吞天下的野心。战国时代世族被推倒或势力削弱。统治者是国君和一般无世族的传统与心理的出身贵贱不齐的文人。这些文人是国君的忠心拥护者，其权势荣位来自国君，也可被国君随时夺回。全国权柄都归国君一人一家，一般臣下皆仰给于君上。国君只谋求其一人一家的利益，列强都想独吞中国。公元前 334 年后，列国相继称王。列国称王的意义在于既向周室完全宣布独立，又暗示想吞并天下，因为“王”是自古所共认为天子的称号。公元前 288 年，最强大的秦、齐两国约定平分天下，秦王称西帝，齐王称东帝，除楚国外，天下由二帝分治。最后，公元前 221 年秦王政合并六国，开创了前古未有的大一统局面。他令丞相御史议称号，决定君称“皇帝”，自称“朕”与“始皇帝”，表示政权完全统一，操于皇帝一人之手。从此，皇帝就是国家，国家就是皇帝。汉室的成立是天下统一必然性的又一明证，统一是解决天下问题的惟一出路。汉袭秦制，汉室虽是平民出身，皇帝的尊严并不因之减少，反而日趋神秘，行封禅，按五德终始说自定受命之德。皇帝开始神化，立庙。皇帝的地位日愈崇高，不只是政治的独裁元首，并且天下公然变成其个人的私产，而寄生于皇帝私产上的人民则等同于皇帝的奴婢臣妾。皇帝是惟一维系天下的势力，民众则是一盘散沙。皇帝制度本身到西汉末年可说已经完全成立，此后二千年间皇帝制度的本质与特性始终未变，宋以下皇帝的地位更为尊崇。但近百年来西方势力的侵入动摇了清廷的统治。辛亥革命的爆发，使战国诸子所预想，秦始皇所创立，西汉所完成，曾经维系中国二千余年的皇帝制度，以及三四千年来曾笼罩中国的天子理想，一股结束。废旧容易，建新困难。在未来中国的建设中，新的元首制度也是一个不能避免的大问题。

第四篇是“无兵的文化”。此文是雷海宗应对《中国的兵》一文发表后学界有人认为该文三国以下所讲太简、似有补充之必要的意见而写的。他说，二千年来中国兵的本质的确没有变化，若按有关史料写篇长文不难，但这样勉强叙述一个空洞的格架去凑篇幅，殊觉无聊。反之，若从侧面研究，推敲二千年来的历史有何特征，却意味深长。他接着指出，秦以上为自主、自立的历史，人民能当兵，肯当兵，对国家负责任。秦以下人民不能当兵，不肯当兵，对国家不负责任，因而一切都不能自主，完全受自然环境（如气候、饥荒等）与人事环境（如人口多少、人才有无与外族强弱等）的支配。秦以上为动的历史，历代有政治社会的演化变革。秦以下为静的历史，只有治乱骚动，没有本质的变化，在固定的环境下，轮回式的政治史一幕一幕的更迭排演，大致可说是汉史的循环发展。这样一个完全消极的文化，没有真正的兵，也就是说没有国民与政治生活，可称为“无兵的文化”。但无兵的文化，轮回起伏，有一定的法则。于是，雷海宗从政治制度之凝结、中央与地方、文官与武官、士大夫与流氓、朝代交替、人口与治乱、中国与外族等七个方面，对中国秦汉以下比较静的二千年历史的特征与轮回起伏的法则展开论述，内容丰富，精彩纷呈。应当指出，雷海宗在这里并不对史实进行叙述和考证，而是运用政治学、社会学、心理学、生理学、优生论、人口论与环境观等学科的眼光及方法，对各个问题加以推敲探讨，他的研究分析深刻，见解精辟。最后，他提出，中国虽屡次被征服，却始终未消灭，因为游牧民族的文化程度低于中国，入主中国后大都汉化。但鸦片战争后，局面一新。新入侵的外族是一个高等文化的外族，不只不肯汉化，并且要同化中国。中国会否遭遇古代埃及与巴比伦国家文化灭亡的命运？雷海宗认为，中国地面广大，人口众多，远非古埃及、巴比伦一隅之地可比。另外，中国有独特的语言文字，汉文与其他语文的系统都不相合，不是西洋任何语文所能同化的。民族文化创造语言文字，同时语言文字又为民族文化所寄托，互不可分。语言文字若不失掉，民族必不全亡，文化也不至消灭。西洋文化中国不妨尽量吸收，只要语言文字不贸然废弃，将来终有消化新养料而复兴的一天。

第五篇是“中国文化的两周”（原名“断代问题与中国历史的分期”）。文章中，雷海宗先是指出，日常所谓的“西洋史”包括埃及、巴比伦、回教、希腊罗马、中古以下的欧西等五个文化；但人类历史不是一元的，文化是个别的，不能把几个不同的个体混为一谈而牵强分期。每个文化都有它自然发展消长的步骤，合起来讲，必讲不通。必须把每个文化的时间与空间的范围认清，明确其独立性，然后断代的问题以及一切的史学研究才能通行无阻。他随后以高屋建瓴的气势与简洁洗练的笔触，对新石器时代以下整个中国文化的历史做出全面系统的分期断代的概述。雷海宗认为，中国四千年来的历史可分为两大周。第一周，由最初至公元 383 年的淝水之战，大致是纯粹的华夏民族创造中国传统文化的时期，外来的血统与文化没有重要的地位，这时的中国可称为古典的中国。第一周，除所谓史前期外，可分为五个时代：封建时代（公元前 1300 至前 771 年）、春秋时代（公元前 770 至前 473 年）、战国时代（公元前 473 至前 221 年）、帝国时代（公元前 221 至公元 88 年）和帝国衰亡与古典文化没落时代（公元 88 至 383 年）。淝水之战是一场决定历史命运的战争。此后，中国文化由古典的第一周进到胡人血统与印度宗教被大量吸收的第二周。第二周，由公元 383 年至今日，是北方各种胡族屡次入侵，印度的佛教深刻地影响中国文化的时期。这时的中国是一个胡汉混合、梵华同化的新中国，一个综合的中国。随着北族入侵，汉族就大规模地渡长江向南方移殖开发。江南与岭南到第二周地位日渐提高，政治上成为重要区域，文化上最后成了重心。第二周也分为五期：南北朝、隋、唐、五代（公元383至960年）；宋代（公元960至1279年）；元明（公元1279至1528年）；晚明盛清（公元1528至1839年）和清末中华民国（公元1839年以下）。第二周的各代之间仍各有特点，但在政治社会方面没有本质的变化，不过保留秦汉时期的制度与规模；然而在文物方面，如宗教、哲学、文艺之类，却有真正的变化。近百年来，西化东渐，中国文化各方面受到绝大的冲动。现在第二周显然已快到结束之时，但何时结束，如何结束，尚很难说。与历史上其他文化相比，中国文化之有第二周是特殊的例外，得天独厚，大有可为。他最后问道：我们是否能创出尤其未闻的新纪录，去建设一个第三周的伟局？

《中国文化与中国的兵》一书下编的主题是探讨抗战建国中的中国，由雷海宗写于1938年的两篇文章《此次抗战在历史上的地位》与《建国——在望的第三周文化》构成。上编诸文完成于抗日战争全面爆发前，是研究历史、观照现实的长篇学术论文，注意力集中于传统文化的弱点，对于中华民族的坚强生命力只略微提及，未专门解释。中国文化第三周只在最后作为一个问题提出，打着问号，尚未作答。下编二文写作于抗日战争全面爆发之后，是联系历史、直接讨论现状的政论性文章，比较短小精悍。第一篇文章的主题在于解释此次抗战的意义与士兵之所以英勇，说明中华民族虽老而仍有朝气的原因。第二篇文章则直接以“在望的第三周文化”为题，表示雷海宗对于前途的希望与信仰。他呼应上编，从兵、家族与元首三个方面来讨论建国与新生的问题。

在“此次抗战在历史上的地位”一文中，雷海宗第一句即宣布，此次抗战不只在中国历史上是空前的大事，甚至在整个人类历史上也是绝无仅有的奇迹。中国军队的英勇获得了友邦军事观察家的同声赞扬,可与古今任何正在盛期的民族军队相比,值得大书特书。他随后列表指出,历史上其他民族的文化发展只经过由分裂到统一而后再分裂衰亡的一周过程,而中华民族的文化却经历了二周,其原因在于两千年来中国南方地区的大开发,保持并增强了中华民族的元气。在别的民族已到老死的时期,中国反倒开拓出这样一个伟大的新天地,这在人类历史上是无可比拟的例外。两千年来养成的元气,今日全部拿出,作为民族文化保卫战的力量。此次抗战的英勇,大半在此。雷海宗最后宣称,抗日战争是中国第二周末的"淝水之战",甚至比淝水战争尤为严重。成败利钝,长久未来的远大前途,都系于此次大战的结果。第二周的文化已是人类史上空前的奇迹;但愿前方后方各尽职责,打破自己的非常纪录,使第三周文化的伟业得以实现。

在"建国——在望的第三周文化"一文中,雷海宗首先指出,中国是在抗战中建国,正在结束第二周的传统文化,建设第三周的崭新文化。他接着说,二千年来中华民族所种的病根太深,非忍受一次彻底澄清的刀兵水火的洗礼,万难洗净过去的一切肮脏污浊,创造民族的新生。"新生"一词的一个最重要意义就是"武德"。"旧中国传统的污浊,因循、苟且、侥幸、欺诈、阴险、小器、不彻底,以及一切类似的特征,都是纯粹文德的劣根性",应该恢复战国以上文武并重的文化。每个国民,尤其是处在社会领导地位的人,必须文武兼备。非如此,不能有光明磊落的人格,不能创造光明磊落的文化,社会不能有光明磊落的风气。兵制与家族制度不能分开。旧的大家族必须废除,小家庭也不是绝对无疵。大家族与小家庭的调和不是绝不可能。一个平衡的家族制度是健全生活与民族长存的必不可缺的条件。建国运动,创造新生,问题万千。但兵是民族文化基本精神的问题,家族是社会的基本问题,元首是政治的基本问题。三个问题若都能圆满解决,建国运动就必可成功,第三周文化就必可实现。雷海宗最后慷慨激昂地大声疾呼:"生逢二千年来所未有的乱世,身经四千年来所仅见的外患,担起拨乱反正、抗敌救国、变旧创新的重任——那是何等难得的机会!何等伟大的权利!何等光荣的使命!"

雷海宗将"世袭以外的大位承继法"一文作为《中国文化与中国的兵》的附录。该文以罗马帝国的皇帝和回教初期的教主为实例,说明人类史上政治元首亦即政治实权者在世袭以外的继承制与方法,目的在于给中国乃至世界其他共和国家之政治实权领袖的更替承袭提供参考。

《中国文化与中国的兵》一书出版后,学界受到震动,大后方读者为之振奋。例如,中国世界史著名学者吴于廑先生当时是西南联大的南开大学经济研究所的研究生,他对中国历史分期的看法深受雷海宗的影响。1940 年 3 月,他以吴保安之名在《今日评论》第 5 卷第 12 期发表《第三期的浪漫时代》一文说,"从对中国历史的分期说,我们依傍于雷海宗教授的《断代问题与中国历史的分期》那篇大文。雷先生新著《中国文化与中国的兵》则因战时得书不易,至今仍未见着。但据我胡乱猜想,其基本立场或仍与上述一文相似";"中国的历史,却是一个不算例外的例外。谓其为不算例外者,因中国历史也有这种生长谢灭的现象。谓其为例外者,因它于衰谢之际还能够镕铸新力,返老重生。这其中的道理,雷先生于他那篇大文里言之备悉";"上面对于中国历史的分期略论,大部依据雷先生那篇《断代问题与中国历史的分期》缩写而就"。

又如，另一位世界古代史大家胡钟达先生，当时还是正在福建武夷山大王峰下苏皖政治学院学习的青年学生，读到《中国文化与中国的兵》一书时，深感兴味盎然，精神振奋。胡先生之女胡月龙在回忆其父的《学园生平——女儿眼中的父亲》一书中说，“雷先生的中国文化二周论、三周论在爸爸看来更具真知灼见”；“雷先生这一新颖的论点，足以鼓舞国人抗日战争的士气，坚定取得最后胜利的信心，对爸爸也有极大的吸引力”。①

从根本上看来，雷海宗在《中国文化与中国的兵》一书中的历史观和历史体系与马克思主义的唯物史观并不相同。但是，他的贯通中外的渊博学识，打破欧洲中心论和传统王朝体系的努力，独树一帜的囊括世界、光耀中华的历史体系，以及强调中国历史与文化的特色，重视胡人血统、印度佛教和南方开发对中国文化的贡献的看法，在当时学术界是颇为难得和有显著影响的，对今天我们研究中外历史也甚具教益与启发意义。有学者以雷海宗的名字来概括其学术成就：声音如雷，学问似海，史学之宗。

---

① 胡月龙：《学园生平——女儿眼中的父亲》，内蒙古大学出版社 2004 年版，第 35 页。